André Dubreuil

POÈTE DU FER
POET OF IRON

À ma maman
To my mother
AD

It's so wonderful because Dubreuil works in the tradition of the great eighteenth century ébénistes and like all true artists, he interprets it all into something new. This is always the sign of an outstanding artist. For me, he is one of the great artists working today. In my opinion his art and talent transcend the decorative arts.

C'est merveilleux que Dubreuil travaille dans la tradition des grands ébénistes du XVIIIe siècle et, comme tout vrai artiste, qu'il transforme tout cela en quelque chose de neuf. Ceci est toujours le signe d'un artiste exceptionnel. C'est un des grands artistes de notre époque. Pour moi, son art et son talent transcendent les arts décoratifs.
Peter Marino, architect and collector

Remerciements. Acknowledgements

Je remercie Pierre Staudenmeyer et Yves Gastou de m'avoir rappelé leur parcours avec André Dubreuil, ainsi que les collectionneurs qui m'ont permis de voir chez eux des pièces de Dubreuil. Je remercie Doryck Sembaz dont la bonne humeur quotidienne et le sens du collage sont hautement rafraîchissants. Je remercie aussi André et Gladys de m'avoir fait revivre ce Paris des années soixante-dix qui n'était pas encore celui des *seventies*, mais celui des patineurs de *L'Amour* de Warhol, du Flore, du Nuage et du Club 7.
Jean-Louis Gaillemin

Je voudrais profiter de ce livre pour remercier mes parents et ma famille pour le soutien qu'ils m'ont donné toutes ces années ; l'Angleterre pour m'avoir ouvert les yeux ; David Robertson pour la vision d'un autre monde ; Robert et Gladys Lavrero pour leur amitié sans faille ; Dean Bright pour sa jeunesse et son entrain ; Danièle Mourgues d'Algues pour toutes les bonnes choses ; Liliane Fawcett pour ma première exposition en mai 1986 ; Didier Fruchou pour son aide précieuse en tant que chef de mon atelier, et les autres garçons pour avoir supporté mes sautes d'humeur ; et, bien sûr, tous mes clients qui aiment et suivent mon travail depuis vingt ans. Merci.
André Dubreuil

Traduction anglaise. Translation : Michael Taylor

Conception graphique. Design : 'Olo
Mise en pages. Layout : Barbara Kekus
Coordination éditoriale. Editor : Emmanuelle Laudon
Révision. Copy-editor : Lorraine Ouvrieu, Philippa Richwood

Photogravure. Color separation : Les artisans du Regard, Paris

149, rue de Rennes
75006 Paris

Dépôt légal : mars 2006
ISBN : 2-915542-00-7

JEAN-LOUIS GAILLEMIN

André Dubreuil

POÈTE DU FER
POET OF IRON

Avec la participation de la galerie Mougin, Paris
In participation with the Galerie Mougin, Paris

NORMA
ÉDITIONS

Esthète malgré lui. Aesthete in spite of himself

Catalogue, 1985–2006

Esthète malgré lui

Aesthete in spite of himself

Don't bother looking up André Dubreuil on the net. The artist's surname is shared so widely it gives him an ideal anonymity, as he likes to say. There are plenty of André Dubreuils in France, the US, Canada and elsewhere – architects, athletes, students, pensioners eager to show their family photograph album but almost certainly unaware that they have a namesake who works metal in the depths of the Dordogne. Design websites and auction sale reviews show only his most famous creations, like the memorable *Spine Chair*, though few people actually recall who designed it. In its actual-size or scaled-down versions, this chair, with its architecture of vertebrae, has contributed more to Dubreuil's renown than the three hundred other items in his catalogue. The slender, weightless, instantly appealing *Spine Chair* is one of the most celebrated and widely referred-to modern objects. You come across it in leading museums and design encyclopaedias. With its staccato visual rhythm and felicitous touch of humour, it looks equally at home in baroque interiors and austere architectural spaces. Vitra sells miniature versions of it along with priceless early Le Corbusier, Jean Prouvé and Mies van der Rohe models.

To get to know Dubreuil's work well, you have to live either in Paris or the Dordogne, where you can visit him on his family property and see him working away in his smithy, surrounded by his assistants. Even then, all you will find are skeletons of furniture, odds and ends, sheets of copper, sections of steel tubing and reinforcing bars waiting to be assembled, ornamented or given a patina. You'll be lucky to catch the reclusive, hurried artist's latest piece actually in his Vulcan's forge. Within days of being finished, it is bound up in protective padding, crated and shipped off to London, Dallas or Hong Kong. You have a better chance of glimpsing his work at the Galerie Gladys Mougin in the Rue de Lille during Paris' annual "Carré Rive Gauche" gallery fête in May. With a bit of luck you'll spot the artist and his retinue standing around his latest "masterpiece" specially created for the event – a masterpiece not only in the sense that it is a unique object and a tour de force, but also in that it combines the highest degree of craftsmanship with the most delicate inspiration. Whether it's an objet d'art or a piece of furniture, it is likely to be as fleeting as it is monumental. No sooner installed on the gallery's black-and-white tiled floor than it's snapped up by one of the artist's aficionados. By Monday morning it has usually vanished.

However, getting to view a Dubreuil during its brief transit in Paris is no mean feat. You really need to live next door to £the gallery and visit it regularly in the hope of catching sight of one of the artist's pieces before it is shipped off. For Dubreuil's clients generally order directly from him and their patience is sorely tried by the time the object finally leaves his remote studio.

André Dubreuil et la chaise *Spine*, 1986.

Page 4 : photophore, 1988 (cat. n° 46).

Pages 6-7 : pare-feu, détail, 2004 (cat. n° 256).

Inutile de chercher André Dubreuil sur le Net. Suffisamment commun pour être partagé (il s'en flatte lui-même comme d'un anonymat idéal), le patronyme de l'artiste est partagé par d'autres André de France ou d'outre-mer, du Canada et des États-Unis, architectes ou sportifs, jeunes gens ou retraités, peu avares de leurs photos de famille, mais qui ignorent certainement tout de leur homonyme forgeron caché dans une propriété du Périgord. Dans les comptes-rendus des salles de vente ou sur les sites de design, vous ne trouverez de lui que ses créations les plus connues, comme celle que l'on mémorise sans même retenir le nom de son auteur : la chaise *Spine*. Grandeur nature ou miniature, cette chaise vertébrale et architecturée a plus fait pour sa célébrité que les trois cents pièces de son catalogue. Élancée, légère, séduisante au premier coup d'œil, la *Spine* est un des objets modernes les plus connus, les plus répertoriés. On la trouve dans les musées les plus célèbres et dans toutes les encyclopédies du design. Elle est chez elle dans les intérieurs fantaisistes et ajoute aux architectures plus sérieuses, avec son rythme court et enlevé, une note d'humour bienvenue. Vitra la vend en miniature aux côtés des incunables de Corbu, Prouvé, Mies van der Rohe.

Pour bien connaître l'œuvre, il faudrait être périgourdin ou parisien, rendre visite au créateur dans la propriété familiale et le voir à l'œuvre dans son atelier entouré de ses compagnons. Mais dans cette forge, vous ne trouverez que des carcasses, des pièces détachées, des tôles ou des plaques de cuivre, des tronçons de tubes d'acier, des barres de fer battu, en attente de patine, d'ornementation ou de montage. Il faut jouer très fin pour apercevoir la dernière pièce créée dans cet antre d'un Vulcain retiré et pressé. À peine la pièce finie qu'elle est garrottée, matelassée et fixée dans la caisse qui l'attend pour gagner Londres, Dallas ou Hong-Kong. Le Parisien a plus de chance, s'il veut bien se rendre au mois de mai à Paris dans ce carré qu'on appelle « Rive Gauche » où se trouve, rue de Lille, la galerie de Gladys Mougin. C'est là que l'on peut apercevoir le créateur entouré de sa cour autour du dernier « chef-d'œuvre » conçu pour le « Carré ». Chef-d'œuvre au sens de tour de force, d'objet unique qui rassemble, comme autrefois dans les expositions universelles, le meilleur d'un travail et d'une inspiration. Objet ou meuble, ce chef-d'œuvre du mois de mai est aussi volatile qu'il est monumental. À peine a-t-il atterri sur les carreaux noir et blanc de la galerie qu'un des *aficionados* de l'artiste lui fait un sort. Le lundi matin, il a généralement disparu. Pour approcher Dubreuil, il faut donc, en voisin, visiter régulièrement Gladys Mougin en espérant découvrir quelque pièce en partance. Les clients de Dubreuil lui passent généralement commande, et leur patience, à la hauteur de l'estime qu'ils ont pour l'artiste, est généralement à bout quand l'objet sort, enfin, du lointain atelier. Surprendre un Dubreuil lors de son escale parisienne est une prouesse.

The Artist or the Art?

Needless to say, even discriminating connoisseurs are baffled by the slow pace of Dubreuil's output: his yearly masterpieces are simply too few and far between to give one a clear sense of which direction his remarkable œuvre is moving in. Critics have not had much to say about him since the 1980s, when his first steps in designing objects and furniture were greeted with thunderous applause. In a profession where adjectives and exclamation marks tend to be substituted for analysis, Dubreuil's work does not lend itself readily to commentary. It's either too unusual, uncompromising and lofty or too familiar, diffuse and diverse to bear comparisons. If one were daring one might link Dubreuil with Gaudí and his pupil Josep Maria Jujol, whose jagged, pointy inventions are somewhat akin to Dubreuil's bold designs. Within the field of ironwork possessed by the folly of Art Nouveau, one can't help thinking of the work of the Italians Bellotto, Mazzucotelli and Rizzarda, or that of the Dutch architect Michel de Klerk and the German August Endell. Some of Dubreuil's more restrained works bring to mind more classical names, such as Boulle, René Dubois and Adam Weisweiller, though enlivened with imaginary Oriental flourishes.

Whether abrupt or classical, is Dubreuil only to be appreciated within the cabinetmaking tradition? Not that history and references to earlier masters have been banished definitively from contemporary creation. On the contrary, since the 1970s there has been an unrestrained return to quotation, style, ornament and "craftsmanship," which has recently been coloured with the cool, acid wit of British and Dutch designers. While Dubreuil is supremely knowledgeable when it comes to matters of art history and furniture styles (after all, he was once an antique dealer and decorative painter), he is wary of the past. And although began his career as a welder and ironworker, his work has never really fitted in with a particular historical style, nor has he any inkling of where his craft will lead tomorrow.

For that is what it is all about: a craft that engenders shapes inspired by serendipitous discoveries and experiments. If the artist himself is reluctant to talk about his work, his work speaks for him. Not an easy task for someone who dislikes forcing anything – words or things. A reserved, ironic, distant man, Dubreuil possibly finds it easier to talk about himself than about his work. But this hardly matters, as his turn of phrase occasionally hints at a confession, belief or certainty. One need only collect and collate these half-admissions to be able in the end, by crosschecking continuously with his work, to discern the outlines of an æsthetic – though this may not be the most suitable term for an artist who keeps such a firm grasp on his tools, techniques and the daily give and take with materials. Call it an æsthetic of craft, of the very process of fabrication.

Born in Lyons, to respectable bourgeois parents, Dubreuil has never shed the influence of that city where industry and the arts often seem in key with surprisingly mystical concerns. In the city's Museum of Fine Arts, floral compositions that serve as models for silk workers are displayed next to "soul paintings." Likewise, some of Dubreuil's pieces pay little heed to the grammar of styles and the traditional repertory of furniture, and seem to verge on the domain of mysterious signs. The artist's peregrinations and years in "exile" may have had no other purpose than to delay the flowering of symbols. The object, the piece of furniture as an interpretation of the world, specifically the contemporary world, is a topic Dubreuil skims over as if it hardly mattered. Yet he comes back to it regularly. But let us begin the story at the confluence of the Rhône and Saône rivers.

Antonio Gaudí,
la grille de la Casa Milá, Barcelone.

Michel de Klerk, plafonnier,
1915-1916. Fer forgé.
Amsterdam Scheepvarthuis
Wolfsonian Collection Miami.

Alessandro Mazzucotelli,
Suspension pour éclairage électrique,
vers 1903-1906. Fer forgé.

André Dubreuil, pendule, 1992 (cat. n° 83).

L'œuvre ou l'homme

Inutile de dire que les plus fins limiers sont déroutés par ces flux distendus et que les chefs-d'œuvre annuels ne suffisent pas à saisir l'évolution d'une œuvre rare. Depuis les années quatre-vingt, où l'entrée de Dubreuil dans la création d'objets et de meubles a été saluée de façon tonitruante, la presse est restée discrète. Dans un métier où l'adjectif et le point d'exclamation font office d'analyse, l'œuvre ne se prête guère aux commentaires. Rare, dure, hautaine, ou au contraire trop familière, diverse, éparse, multiple, elle n'encourage pas les rapprochements. Les plus hardis pensent à Gaudí ou à son élève Jujol dont les inventions pointues et déchiquetées ont un air de parenté avec les hardiesses de notre ferronnier. Dans ce domaine du fer saisi par les folies de l'Art nouveau, on ne peut s'empêcher non plus d'évoquer les Italiens Bellotto, Mazzucotelli, Rizzarda, et toujours dans l'Art nouveau, le Hollandais Michel de Klerk ou l'Allemand August Endell partagés entre l'abstraction sadique et les souvenirs des monstres sous-marins du professeur Haeckel. D'autres créations moins saillantes évoquent des noms plus classiques, André Charles Boulle par exemple, Dubois ou Weisweiller dont les œuvres se seraient parées des prestiges d'un Orient imaginaire. Abrupt ou classique, Dubreuil ne pourrait-il être saisi que dans une lignée, une tradition ? Non que l'histoire et la référence aient été à jamais bannies de la création contemporaine. Depuis les années soixante-dix, au contraire, le retour à la citation, au style, à l'ornement, au « métier » s'est effectué sans contrainte. Retour teinté même depuis quelques années par l'humour frais ou acide des créateurs londoniens ou hollandais. Mais s'il connaît mieux que personne l'histoire et les styles, André Dubreuil, qui fut antiquaire et peintre décorateur, s'en méfie. S'il a commencé comme un ferrailleur, l'histoire des styles ne l'a jamais rattrapé et il ne sait vers quoi, demain, son métier le mènera.

Car c'est de cela qu'il s'agit : un métier qui fait surgir des formes au hasard des découvertes et des expérimentations. L'artiste lui-même n'aime guère parler de son travail. C'est le travail qui parle en lui. Tâche ardue pour qui ne veut forcer ni les mots ni les choses. Réservé, ironique, distant, Dubreuil parle peut-être plus facilement de lui-même que de son œuvre, peu importe. Il suffit qu'au tournant d'une phrase s'esquisse un aveu, un credo, une certitude. Travail de recoupement qui permet, finalement, à l'épreuve de l'œuvre d'esquisser une esthétique. Quel vilain mot pour un créateur qui s'en tient à l'outil, parfois au crayon, aux techniques, au corps à corps quotidien avec les matériaux. Mais c'est une esthétique du faire et du métier. Lyonnais d'origine, fils de bonne famille, André Dubreuil n'a jamais pu s'émanciper de cette ville où les arts et l'industrie s'accommodent parfois d'inquiétudes mystiques inattendues. Au musée des Beaux-Arts de Lyon, les fleurs destinées aux canuts voisinent avec les « peintures de l'âme ». C'est la réunion de la Croix-Rousse et de Fourvière. Certaines pièces de Dubreuil s'émancipent autant de la grammaire des styles que du répertoire des meubles pour aborder les domaines du signe. Ses exils, ses errances n'auraient-ils eu pour but que de retarder l'éclosion du symbole ? Il en parle légèrement, comme d'une chose de peu d'importance, mais y revient régulièrement. L'objet, le meuble, comme interprétations du monde, du monde d'aujourd'hui. Mais commençons l'histoire au confluent du Rhône et de la Saône.

acques-Émile Ruhlmann, bureau u maréchal Lyautey, musée des Arts fricains et océaniens, 1931.

Madame Dubreuil entourée de six de ses enfants, 1955.

Une enfance heureuse

« J'ai eu une enfance heureuse. Je suis né dans une famille très catholique et nombreuse, et mes parents se consacraient entièrement à nous, ils étaient très aimants, nous ne manquions de rien. Ils étaient scientifiques, biologistes, un côté très sérieux. Mais rien à la maison ne pouvait m'inciter à m'intéresser à "la beauté". Mes parents n'étaient pas des gens à la page. La notion de décoration par exemple était inconnue, je ne parle même pas de l'art contemporain. » Dans ce désert esthétique, une bouffée mensuelle d'air frais, l'arrivée sur la table basse du salon de la revue *Connaissance des arts*. Loin d'avoir la réputation qu'avait alors *L'Œil* dans la catégorie des revues d'avant-garde, introduisant le design milanais dans les intérieurs français, *Connaissance*, comme on disait, respirait un bon ton un rien conventionnel. On apprenait tout sur les familles rose et verte, sur les marqueteries de Hache et sur Riesener, sur *La Dame à la licorne* du musée de Cluny ou les nouvelles salles de Versailles. On était parfois initié, avec beaucoup de tact à « l'art d'aujourd'hui » et convié, non sans prudence, dans les intérieurs d'une mystérieuse « madame X » dont on apprenait qu'elle était « résolument moderne ». Mais ces sottises étaient compensées par des vues exaltantes sur des intérieurs signés Gérard Mille, Victor Grandpierre ou Serge Royaux, sur les dernières trouvailles de « monsieur de Beistegui » en son château de Groussay. « Je trouvais ça nickel, ce côté "grand genre" m'a beaucoup influencé, on le retrouve dans certains de mes meubles, et puis ce fut la

Philippe Jullian, *Madame Haugoult-Dujour* en 1935 croquée par Christian Bérard.

A Happy Childhood

"I had a happy childhood. I was born to a large and very Catholic family, and my parents were totally devoted to us. They were extremely affectionate and we lacked nothing. They were both scientists, biologists, and had a very serious side to them. There was nothing at home to incite my interest in 'beauty.' My parents were not people who kept up with what's new. For example, they knew nothing about the concept of 'decoration,' not to mention contemporary art."

In this æsthetic desert, the arrival of the magazine *Connaissance des Arts* on the living-room coffee table was a monthly breath of fresh air. Far from having the reputation of the then avant-garde publication *l'Oeil*, which introduced the work of Milan designers to French bourgeois homes, *Connaissance* exuded rather conventional good taste. It was full of interesting facts about export china, Hache marquetry, the cabinetmaker Riesener, the *Lady with the Unicorn* tapestry at the Cluny Museum in Paris and the recently restored rooms at the Château of Versailles. From time to time it introduced its readers gingerly to "contemporary art" and invited them to cast en eye on the interiors of a certain "Madame X" who, it informed them, had "resolutely modern" tastes. However, this kind of silliness would be offset by exhilarating views of interiors designed by Gérard Mille, Victor Grandpierre or Serge Royaux, or by shots of "Monsieur de Beistegui's" latest *trouvailles* for his château at Groussay. "I thought this was the bee's knees. That kind of grand style really influenced me: you can spot it in some of my furniture. Next came my discovery of Ruhlmann, one of my idols. What quality and excellence! I've always dreamt of that quality. Setting such a high standard allowed me to compare, to form my own judgment."

One of Dubreuil's masters in relativism was the delightful, witty, erudite writer Philippe Jullian. A brilliant pasticheur, Julian dreamt up imaginary châteaux for *Connaissance des Arts*, such as the château of "Fond-en-Combles." These inventions were so wittily accurate that readers often wrote to ask for directions to them. "I own first editions of all of Jullian's books. His drawings are remarkable. His criticism, his eye, his 'Styles' have never dated and a lot of today's interior-decoration victims would do well to re-read *Madame Haugoult-Dujour*. It would give them a better appreciation of Andrée Putman." In addition to Jullian's tongue-in-cheek contributions, *Connaissance des Arts* also featured illustrated articles on travel to foreign places, the English countryside for example, where David Hicks was turning stately country homes topsy-turvy, introducing bright colours and countering the ponderousness of family heirlooms by combining them with ordinary objects. "I may have been thinking of Hicks when I made my first armchair for Cuts. With its spirals and wings, it's a bit like a comfortable English armchair. This does not mean that when, in 1964, my parents decided to have our house in Lyons redone, they took me on as their art consultant. On the contrary, they hired a decorator who worked in the 'Louis XV spirit.' I was delighted, of course. The dominant hues were still green and yellow, but there were also spacious bathrooms and the latest technical innovations throughout."

Stanley Kubrick, *Orange mécanique*, 1971. Images du Drug Store de Londres.

Sharp Wits and a Bed-Sit

In spite of his reading of decorous magazines, young André was a problem child and is very proud of having "attended thirteen schools and failed his baccalaureat exams." This was in 1968, a year famous for the leniency of examiners. "I wasn't unruly, but I made no effort. Everything bored me and, to make matters worse, I was left-handed and my teachers tried to make me right-handed and then decided I should go back to being left-handed, which certainly didn't help even if it doesn't explain everything."

Family holidays spent in a large house between Cannes and Saint-Raphael brought respite and inspired André to venture as far as the Croisette which, by then, was not only the cruising ground of aspiring movie stars. "There were also the Ondine and

découverte de Ruhlmann, un de mes dieux, la qualité, l'excellence, j'ai toujours rêvé de cette qualité. Mettre la barre haut m'a permis de comparer, de former mon jugement. » Parmi ces maîtres en relativisme, un auteur exquis, caustique, drôle et savant : Philippe Jullian. Le maître de l'analyse, le génie du pastiche, qui invente pour *Connaissance des arts* des rues et des châteaux, comme celui de « Fond-en-Combles », tellement justes dans la drôlerie que nombre de lecteurs écrivirent pour en connaître l'adresse. « J'ai toutes ses premières éditions, ses dessins sont remarquables, ses critiques, son regard, ses styles n'ont jamais été dépassés, et beaucoup de gogos d'aujourd'hui devraient relire *Madame Haugoult-Dujour* pour mieux apprécier Andrée Putman. » À ces leçons d'insolence s'ajoutait dans la revue des voyages vers d'autres cieux, la campagne anglaise par exemple, où un certain David Hicks chamboule *country houses* et châteaux, introduit des couleurs violentes, tempère la lourdeur des souvenirs de famille par la présence d'objets simples. « C'est peut-être en souvenir de Hicks que j'ai fait mon premier fauteuil pour Cuts, avec sa pièce d'écusson, c'est un peu le fauteuil anglais confortable, avec ses spirales et ses oreillettes. Je n'étais pas pour autant le conseiller artistique de mes parents. En 1964, quand ils ont voulu refaire la maison de Lyon, ils ont fait

appel à un décorateur qui a travaillé dans un "esprit Louis XV". J'étais très content, bien sûr, c'était toujours vert et jaune, mais derrière ça, il y avait des grandes salles de bains spacieuses et partout la dernière pointe de la technique. »

Comment l'esprit vient aux garçons

Cet enfant sage qui lit des revues convenables est un très mauvais élève, très fier aujourd'hui d'avoir « fait treize écoles et raté son bac ». C'était en 1968, une année pourtant célèbre pour l'indulgence des jurys. « Je n'étais pas dissipé, mais je faisais le minimum, tout m'ennuyait, le pire c'est que j'étais gaucher et qu'on avait voulu me contrarier puis me "décontrarier", ça n'avait rien arrangé même si ça n'expliquait pas tout. » Des vacances familiales dans une grande maison, entre Cannes et Saint-Raphaël, apportent un peu d'air et donnent au collégien l'idée de pousser jusqu'à la Croisette où ne croisaient pas seulement les starlettes. « Il y avait aussi l'Ondine et le Zanzibar. J'avais rencontré des Anglais qui m'avaient donné une furieuse envie de connaître Londres qui, vu de Lyon, avait des airs de paradis. J'entendis parler d'une école de déco, la Inchbald School of Design. C'était l'occasion de se dégager un peu de la France et de la famille. À 18 ans, la vie est une grande feuille blanche. » Un peu désemparés, ses parents sont finalement soulagés de le voir partir. On s'inquiète de son logement, on lui trouve une chambre dans un beau quartier, il s'en évade pour un mauvais, plus amusant : « Je me suis trouvé un *bed sit*, quand on est jeune, un rien suffit, on peut recevoir dans un mouchoir de poche. »

Un Londres pop et funk 1968-1970

Pour un petit Français avide d'expérience, le Londres des Beatles et de King's Road est la terre promise. « C'était la liberté, il n'y avait pas de sida, il y avait du boulot, le monde était rose, l'avenir forcément meilleur. » Fondée par la décoratrice Jacqueline Duncan, la Inchbald School of Design (du nom de son mari Michael Inchbald) se flattait d'apprendre à ses étudiants le sens de l'espace de l'architecte et les connaissances artistiques du décorateur. Comme souvent dans ce genre d'écoles, une majorité d'étudiantes. André y apprend le dessin et la perspective, et approfondit les connaissances fournies par *Connaissance*. Des connaissances avant tout visuelles, une bonne histoire de la décoration, l'initiation aux grandes maisons d'Italie ou d'Angleterre. Peu sensible à la théorie, rétif à « l'histoire de l'art », André accumule surtout un trésor d'images : « Impossible de repérer les noms, j'ai toujours été visuel, pragmatique. » En fait, l'enseignement ne durait qu'un an, mais André avait pris la précaution d'annoncer à la famille qu'il durait le double, c'était gagner une année de liberté. Et quelle liberté, une vie nocturne débridée, la connaissance de milieux nouveaux. Chelsea est à la mode, King's Road avec son Drug Store tout neuf en laiton *design* immortalisé dans *Orange mécanique*. « La journée commençait l'après-midi vers 3, 4 heures, on se retrouvait à La Popotte, derrière Harrods, il y avait tous les branchés de Londres. Après, on allait au pub, on allait dîner, puis c'était les boîtes de nuit ou des bals costumés. » Insouciance légère, le gin aidant, « une bouteille par jour, ça va très vite », puis une petite bactérie vient brouiller le jeu, au bout du compte : une hépatite monstrueuse. Retour en catastrophe, parents affolés, enfant bichonné, et l'année suivante, inscription à Paris, à l'académie Charpentier, boulevard du Montparnasse. Design, décors, architecture intérieure, perspectives, dessin, projets d'objets, décors de magasin. Vaste programme qu'André Dubreuil résume, d'un air léger : « J'ai un faible souvenir de cette école. » L'important, c'est ce qu'on ne retient pas. La deuxième année, même scénario qu'à Londres, mais cette fois c'est l'école qu'on sèche.

the Zanzibar clubs. I met some English guys who fired up my desire to go to London, which seemed like heaven viewed from Lyons. I heard about an interior design school, the Inchbald School of Design. It was an opportunity to get away from France and my family. When you're eighteen, you want to take stock of yourself. Life is a great big blank page." Somewhat distraught at first, André's parents were relieved in the end to see him leave. They worried about where he was going to live and found a room for him in a posh district, from which André quickly moved out to a livelier, less reputable part of town. "I got myself a bed-sit. You don't require much when you're young. Even if you're living in a broom closet you can still have friends over."

The Late Sixties Pop and Funk London

To a French boy eager for experience, the London of the Beatles and the King's Road was a promised land. "It was freedom. AIDS didn't exist, jobs were easy to find, the world was rosy and the future was bound to be even better." Founded by the interior decorator Jacqueline Duncan, the Inchbald School of Design (named after her husband Michael Inchbald) prided itself in giving its students a feeling for architectural space and the know-how needed to become a decorator. As often in design schools, the majority of the students were girls. André learned drawing and perspective and added to the knowledge he had picked up from *Connaissance des Arts*. His instruction emphasised visual learning, with a solid grounding in the history of decoration and an introduction to stately Italian and British homes. Relatively uninterested in theory and unreceptive to "art history," André absorbed a vast repertoire of images: "I couldn't remember names; I've always been visual and pragmatic."

Andy Warhol et Paul Morrissey, *L'Amour*, 1973. De gauche à droite : Dona Jordan, Jane Forth, Corey Tippin, Jay Johnson.

As the Inchbald curriculum ran to a single academic year only, André told his family that he was enrolled in a two-year program, thus gaining a year of freedom – the freedom to enjoy London's swinging nightlife and to broaden his experience. Chelsea was fashionable, as was the King's Road with its brand-new "brass design" Drug Store immortalised in *Clockwork Orange*. "My days began around 3 or 4 pm. We would meet at La Popotte behind Harrod's – all the London in-crowd went there. Towards evening we would go to a pub, then out to dinner, then to a night club or masked ball." It was a carefree existence fuelled by gin ("it's easy to get into the bottle-a-day habit").

A tiny but virulent hepatitis bacterium put an end to all this. André was shipped back to his parents, coddled and nursed back to health, and the following year he enrolled at the Académie Charpentier on the Boulevard du Montparnasse in Paris. The school's program of studies, encompassing design, decoration, interior architecture, drawing, perspective studies and shop decoration, was ambitious, but "I don't remember much about that school," Dubreuil blithely admits. Not that it really matters, for culture is more than just an accumulation of conscious memories. The scenario of André's second year at Charpentier was much like that of his London studies – only this time it wasn't just single classes he skipped, it was the whole school.

1970–72: Paris à la Warhol

These were the last truly flamboyant years of the Left Bank. There was still something miraculous about the equilibrium between the "gay" milieu, as it subsequently became known, the city's nightlife, the intellectual crowd and, even more importantly, the presence of fascinating visitors from out-of-town. The terrace of the Café Flore was *the* gathering place for everyone, an informal poste restante where one was sure to bump into a recently arrived friend from the French provinces or from New York. The student riots of May '68 had given Paris life a tremendous boost and nothing was taboo. AIDS had not yet appeared on the scene, the Gay Liberation was as still around the corner, and the dampening era of the "politically correct" remained a long way off. The only thing that occasionally set off alarm bells was LSD. "Out-of-town visitors" included the likes of Andy Warhol and his retinue, Paul Morrissey, Fred Hughes and his two superstars, Jane Forth and Dona Jordan, who crossed the Boulevard Saint-Germain on their platform heels shouting "Frenchy faggots!"

This was the era when one could still find an item of furniture by Andre's beloved Ruhlmann *chez* Camoglio on the Rue Jacob, when a Jed Johnson could comb through the flea

Un Paris warholien 1970-1972

C'est une des dernières années flamboyantes de la rive gauche où l'équilibre reste miraculeux entre le milieu qui ne s'appelle pas encore gay, les noctambules, les intellos et surtout les nobles étrangers de passage. Pour tout le monde, le Flore est une terrasse obligée, une sorte de poste restante où l'on est sûr de retrouver quelqu'un, qu'il vienne de sa province ou qu'il débarque de New York. Un peu plus loin, La Rotonde avait gardé sa moleskine, ses couleurs et sa bonne cuisine. 68 avait donné un bon coup de pied dans la fourmilière parisienne, tout semblait permis, il n'y avait pas encore le sida ni la libération gay, ni non plus, logique retour de manivelle, le « politiquement correct ». Seul le LSD faisait parfois clignoter des signaux d'alarme. Parmi les « nobles étrangers de passage », Andy Warhol et sa bande, Paul Morrissey, Fred Hughes et ses deux superstars Jane Forth et Dona Jordan, qui traversent le boulevard Saint-Germain sur leurs semelles compensées en hurlant « *Frenchy faggots* ». C'est aussi l'époque où on peut encore trouver rue Jacob chez Comoglio du Ruhlmann cher à André, où Jed Johnson cherche de l'art déco aux puces pendant que son frère Jay figure avec Corey Tippin dans *L'Amour* tourné par Morrissey en partie dans l'appartement de Karl Lagerfeld. C'est le début du 7, rue Sainte-Anne, le restaurant et la boîte de Fabrice Eamer qui finalement rompt l'équilibre de la rive gauche et crée une hémorragie de noctambules vers la rive droite. « On se retrouvait en fin d'après-midi au Flore et puis on dînait et ensuite les boîtes, le 7, plus tard la Mendi, c'est alors que j'ai rencontré Antonio (Antonio Lopez) ainsi que Gladys Mougin, qui est aujourd'hui ma galeriste. » Gladys Mougin, une jeune fille sage du 7e arrondissement, s'était vaguement inscrite à l'université pour tranquilliser sa famille, mais il lui suffisait de franchir le rue des Saints-Pères pour retrouver ses bandes d'amis à Saint-Germain. C'est à une soirée « germanopratine », le terme commençait à se démoder, qu'elle rencontre André et, le même soir, celui qui deviendra son mari : Robert. Aujourd'hui, Gladys et Bobby dirigent la galerie Gladys Mougin, ouverte depuis 1990, qui représente Dubreuil à Paris. Introduite dans la bande d'André, elle les suit le soir dans les boîtes tout en se lançant dans la création de costumes pour des pop stars, quelques étoiles filantes et d'autres comme Peter Hinwood qui commençait sa carrière de mannequin ; styliste freelance, elle travaille aussi pour quelques couturiers. « La même folle vie se continuait l'été à Saint-Tropez entre la plage l'Aqua et les Caves du Roi. On connaissait tous les serveurs, ça aurait pu durer très longtemps. » Trop longtemps aux yeux d'une famille dépassée, mais fatiguée et qui coupe soudainement les vivres. « J'ai trop longtemps cru aux vacances », aurait pu dire André Dubreuil, en reprenant le titre d'un livre d'Éric Ollivier qui venait de paraître. Lorsque la bise fut venue, Londres s'imposa à nouveau.

Décor « design » et fripes 1975

Faisant face, André Dubreuil s'engage bravement dans la vie professionnelle. Il entre dans une agence de décoration spécialisée dans les installations modernes pour clients en petrodollars. Nous sommes à ce moment bizarre où les folies pop des années soixante tendent à s'assagir pour s'enfoncer dans un convenable et un convenu gris, beige, noir et acier brossé. Les « fosses de conversations » multicolores, qui permettaient de se vautrer en toute impunité au son de la musique de Santana, des Pink Floyd et des Who, prennent des allures de fosses communes. La moquette « tête de nègre » gagne les murs et les plafonds, animés çà et là par des miroirs bronze ou bleu sombre. Réédités sans vergogne, les grands classiques des années trente acquièrent le statut d'icônes occupé autrefois par le mobilier « de style ». On s'enfonce dans le conformisme « design », un mot que le grand public apprend à connaître et va bientôt utiliser comme un adjectif. « La boîte s'appelait Zarach, c'était une boîte moderne un peu *too much*, aluminium brossé, miroirs sombres, la vedette était Willy Rizzo, mobilier italien, beaucoup de placage en Formica genre fausse loupe avec un filet chromé autour, leur point fort : les tables

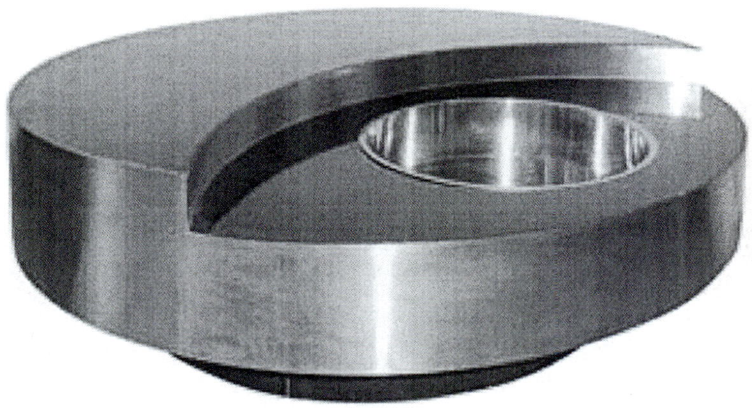

Willy Rizzo, *Round Crescent Moon Top 70's Rotating Coffee Table*, vers 1970. Formica, métal.

basses truffées de stéréos et de trous, et puis toutes ces grosses télés en forme de boule transparente, c'était très mal fait, ça se décollait et pourtant ça valait une fortune, ça m'a un peu dégoûté du contemporain. » Pour se changer les idées, Dubreuil travaille le samedi matin dans une boutique de mode, chez Piero Di Monzi, Fulham Road, et l'après-midi dans un magasin d'antiquités, dans le Antique Village à King's Road, spécialisé dans les textiles anciens.

market for Art Deco pieces while his brother Jay was starring with Corey Tippin in Morrissey's *Love,* shot in Karl Lagerfeld's flat. It was the beginning of Fabrice Eamer's club and restaurant at number 7 Rue Sainte-Anne, which was shortly to shatter the Left Bank's spell and drain its night life to the Right Bank. "Toward the end of the afternoon we would gather at the Flore and then have dinner somewhere and go to a club, like the 7 or later 'La Mendi.' This was around the time I met Antonio (Antonio Lopez) and Gladys Mougin, who is now my dealer." Gladys, a well-brought-up young lady from the 7th Arrondissement, was vaguely taking classes at the university to keep her parents quiet, but was forever crossing the Rue des Saints-Pères to join her gang of friends at Saint-Germain-des-Prés. At one of the "germanopratine" soirées – the term was already beginning to sound passé – she met André and, on the same night, her future husband, Robert. Gladys and Bobby have run the Gladys Mougin gallery and represented Dubreuil in Paris since 1990. Adopted by André's circle of friends, she divided her time between nightclubbing and designing outfits for pop stars and their ilk. She also worked as a freelance designer for a number of couturiers. "We led the same crazy life throughout the summer in Saint-Tropez. We knew all the waiters. We could have gone on like that for years." However, André's family had little patience with his lifestyle and told him they were no longer willing to support him. As summer ended and the nights grew cool, a return to London began to look like the only solution.

The Mid-70s: "Designer" Decoration and Secondhand Clothes

Rising to the challenge, André Dubreuil resolutely set about making a living. He applied for work in an interior design agency specialised in modern interiors for wealthy clients from oil-producing states. At this time, the Pop craze of the 60s was settling down into the middle-of-the-road conventionalism of greys, beiges, black and brushed stainless steel. Multi-coloured "conversation pits" designed for sprawled out listening to Santana, Pink Floyd or the Who were starting to look as unexciting as communal graves. Maroon wall-to-wall carpeting was beginning to invade walls and even ceilings, occasionally enlivened by dark blue or bronze-tinted mirrors. The great classics of the 1930s, shamelessly reproduced, were beginning to have the iconic status of period furniture in earlier days. "Design," a word the public at large would soon be using as an adjective, was becoming the new conformity. "The firm was called Zarach. They were a bit over-the-top modern. Brushed aluminium, dark mirrors, Italian furniture – Willy Rizzo was their star – plenty of mock-burr formica veneer with a thin band of chrome around it. Coffee tables riddled with holes and fitted-out with stereo systems were their strong point, and those massive tellies shaped like transparent globes. It was all very poorly made, always becoming unglued, but it cost a fortune. It rather put me off contemporary stuff." To get a change of air, Dubreuil worked Saturday mornings at Piero di Monzi's, a fashion boutique on Fulham Road, and Saturday afternoons in the King's Road "antique village,' in a shop specialising in antique fabrics.

The Antique Dealer and Decorator

This routine lasted two years, after which André got back in touch with a former schoolmate from Inchbald, a Swiss named Christophe Gollut, moulded "in the great Colefax and Fowler tradition, very chintzy and safe, with Swiss clients, bankers, and a great businessman." Gollut's shop on Fulham Road (Alistair Colvin) allowed him to have an antiques department in his decorating firm. "It was very classical English – almost no continental antiques. I worked hard and learned a huge amount. They had very good but rather boring clients. David Hicks remained my ideal in the field. I decided to set up my own business."

David Hicks, la chambre de lady Pamela à Britwell Salome, Oxfordshire, 1970.

Lépine, pendule avec une plaque de porcelaine représentant le général Foy, 1826. Porcelaine dure, bronze doré et patiné.

Antiquaire décorateur

André tient deux ans, puis reprend contact avec un ancien condisciple de la Inchbald School of Design, un Suisse, Christophe Gollut, « dans la grande tradition Colefax and Fowler, très *chintzy*, *safe*, sans risque, un très bon commerçant, des clients banquiers ». Antiquaire, Gollut a une boutique dans Fulham Road, Alistair Colvin, qui lui permet d'intégrer une section antiquités dans son entreprise de décoration. « Côté antiquités, il était très "classique anglais", très peu de "continental". J'ai travaillé, j'ai énormément appris, très bons clients, un peu ennuyeux. Mon idéal restait dans ce domaine David Hicks, j'ai décidé d'être à mon compte. » Dubreuil prend alors un magasin en 1974, de l'autre côté de la rivière, qu'il appelle Volume. Il explore quelques domaines en avant-garde – le néoclassique nordique, suédois, le Biedermeier – et réveille, pour les Anglais, le Louis XVI et l'Empire français, beaucoup de bois peint ou doré, alors qu'à l'époque le décapage était de rigueur comme aujourd'hui quand on veut faire Luberon. « Il y avait une dame décapeuse, tout au bout de King's Road, tout y passait, même les consoles dorées françaises, on mettait ça sur des tapis en coco. » Et puis une passion, les pendules françaises qu'il achète en France et vend aux Américains. « J'aimais les mouvements de qualité de Lepautre ou Lépine, mouvements à complications avec les planètes et les mois, j'étais fasciné par ces mécanismes destinés à transformer l'énergie du ressort. Il faut que ce soit très régulier, avec le moins de frottements possible..., des objets où littéralement on voit le temps passer. » L'associé part au bout de six mois avec la caisse, fâcheux ! André revient chez Gollut où il s'occupe cette fois du département antiquités. « J'achetais et je vendais une bonne proportion de mobilier continental et anglais, les Anglais devenaient plus ouverts, la découverte de leur XIXe siècle les décoinçait un peu, c'était les débuts de la redécouverte de William Morris, Christopher Dresser, ils commençaient à regarder en dehors de chez eux. » La vie rangée ? André achète son premier appartement à Battersea, en face de Chelsea. « C'était le premier étage d'une toute petite maison, c'était encore très populaire. La première année, je connaissais tous les gens dans la rue, on se disait bonjour, cinq ans plus tard, il y avait des Golf parquées devant les maisons. »

Peintre décorateur

En 1976, l'été caniculaire, André Dubreuil entreprend un voyage en Italie, le long de la Brenta et autour de Vicence, il visite les villas palladiennes. Maser l'éblouit, une nouvelle activité se profile, peindre en trompe l'œil des décors : fausses pierres, dessus-de-portes, ornements. Cette tradition italienne adoptée depuis longtemps en Angleterre où, jusqu'au XXe siècle, s'étaient succédé des générations de peintres de décors et d'ornement.

Pendule, 1998 (cat. n° 155).

So in 1974, Dubreuil opened a shop on the other side of the river, which he called Volume, where he ventured into the then "avant-garde" Biedermeier and Scandinavian neo-classical styles and worked at awakening a taste for Louis XVI and French Empire antiques. He handled mostly painted and gilt wood furniture, in sharp contrast to the prevailing fashion for stripped furniture. "There was a woman, an antique dealer at the very end of King's Road, who would strip everything, even French gilt console tables. Stripped furniture and coconut matting, that was the style." Dubreuil developed a passion for French clocks, buying them in France and selling them to Americans. "I loved the high-quality Lepautre and Lépine mechanisms, the intricate movements that included the months and the planets. I was fascinated by all those systems for transferring the energy of the mainspring. The action has to be extremely steady, with as little friction as possible. Clocks literally allow you to see time passing."

Six months after Volume opened, Dubreuil's partner absconded with the cash, and André went back to Gollut, where he was put in charge of the antiques department. "I bought and sold a good proportion of the continental and English furniture. The Brits were beginning to open up. They were discovering their own nineteenth-century heritage and that was making them less staid. It was the early days of the William Morris–Christopher Dresser revival, and they were also starting to look beyond their own borders."

André bought his first flat in Battersea, across the river from Chelsea. "It was the first floor of a tiny little house. The area was still very working-class. My first year there I knew everyone on the street and we used to greet each other. Five years later there was a Volkswagen Golf parked in front of every house."

Rex Whistler, *Plas Newydd*, peinture murale, 1936-1937.
The National Trust, Londres.

The Decorative Painter

In the sweltering summer of 1976, Dubreuil travelled to Italy and visited the Palladian villas in the countryside around Vicenza. He was dazzled by Villa Maser's trompe l'oeil decor, which opened up a whole new horizon for him: painting trompe-l'oeil decorations, overdoor panels, mock-stone and faux-ornamental work. This Italian tradition had long ago been adopted in England, where generations of decorative and ornamental artists had succeeded each other. In the 1930s, painters like Rex Whistler ("the best of them. I'd seen a decoration of his, a dining-room with harbours") and Martin Battersby were still carrying on a craft that had long since died out on the continent. "I met Martin Battersby in his Chelsea house in the 70s. He was already very old. One would run into slightly over-the-top old queens there, like the decorator Geoffrey Bennison."

André got his first jobs painting decorations for Christophe Gollut (faux-marble and mock stone for Gollut's house in the Canary Islands). The vogue for Modernism was drawing to an end and trompe l'oeil was coming into fashion with a less "Modernist," more glamorous perception of the pre-war styles which Martin Battersby's recent publications on *The Decorative Twenties* and *The Decorative Thirties* were reviving. "I was offering the right thing at the right time. It lasted about ten years, until the mid-80s. My first really big trompe-l'oeil job was for Guy Munthe, the grandson of Axel Munthe of Capri fame. He lived in a very old house opposite St Paul's, near what is now the Tate Modern. He liked to organise costume balls, exquisite parties. He wanted me to do a dining-room with niches and trompe-l'oeil objects and a false-cupola ceiling. He was a genuine eccentric who used to drive off in his Bentley on Saturdays to go and play a musical saw and beg in the street with a parrot on his shoulder."

Dubreuil's clients also included Lord Lovatt, whose vast nineteenth-century castle had been damaged by a fire and required redoing in a hurry for a visit by the Queen. (Dubreuil painted a false stone stairwell for the castle.) He did a room with trompe-l'oeil trophies for a stud farm belonging to the Sangster family. For Gustave Leuwen, whose house in the hills above Cannes he had earlier made over into a Palladian villa, he travelled four years running to the United States. In New Hope, Pennsylvania, he converted a farm into a veritable Petit Trianon. Everywhere he went he created painted decorations and trompe-l'oeil architecture: an entrance hall here, a stairwell there, a military room or a ceiling elsewhere. In France his projects were more modest, but included bringing out the character of a rather amusing 1900 house at Villefranche on the Côte d'Azur and painting trompe-l'oeil overdoor panels with seashells in a house in Monaco.

Dans les années trente, Rex Whistler (« le meilleur, j'avais vu un décor, une salle à manger avec les ports ») ou Martin Battersby continuent un genre depuis longtemps disparu sur le continent. « J'ai connu Martin Battersby dans sa maison de Chelsea, dans les années soixante-dix, il était déjà très âgé. On rencontrait chez lui des vieilles folles "un peu trop" comme le décorateur Geoffrey Bennison. » Arrivent les premières propositions de travail, sur les chantiers de Christophe Gollut pour commencer (faux marbres et fausses pierres pour sa maison aux Canaries). On assistait alors à un engouement général pour les décors peints, le modernisme commençait à fatiguer, on se tournait vers une autre vision des années trente plus glamour, celle précisément remise au goût du jour par les publications récentes de Martin Battersby sur *The Decorative Twenties* et *The Decorative Thirties*. « J'arrivais avec le bon produit au bon

André Dubreuil devant l'un de ses trompe-l'œil, 1986.

moment, ça a duré à peu près dix ans, jusqu'en 1985. Mon premier gros boulot de trompe-l'œil fut commandé par Guy Munthe, petit-fils de l'Axel Munthe de Capri, qui habitait en face de Saint Paul, une très vieille maison, près de l'actuelle nouvelle Tate. Il organisait des bals masqués, de très belles fêtes, il voulait une salle à manger avec des niches et des objets en trompe l'œil, un plafond comme une coupole. C'était un véritable excentrique qui partait tous les samedis dans sa Bentley jouer de la scie et mendier dans les rues avec son perroquet sur l'épaule. » Parmi les autres clients : lord Lovatt, dont l'immense château XIXe avait brûlé et qu'il fallait refaire en catastrophe pour une visite de la reine. Dubreuil y exécute une cage d'escalier en fausse pierre. En Angleterre encore, un haras, chez les Singster, grands éleveurs, toute une pièce avec leurs trophées en trompe l'œil. Pour Gustave Leuwen, pour lequel il avait déjà transformé une maison au-dessus de Cannes en villa palladienne, Dubreuil se rend aux États-Unis quatre années de suite. En Pennsylvanie, à New Hope, Leuwen avait fait d'une ferme un Petit Trianon. Partout du décor et de la fausse architecture : l'entrée, la cage d'escalier, les plafonds, une chambre militaire. En France, les chantiers étaient plus modestes : sur la Côte d'Azur, à Villefranche, dans une maison 1900 assez amusante dont il fallait accentuer le caractère ; à Monaco où il réalise des trompe-l'œil de coquillages en dessus-de-porte.

Sex Pistols et Conran

Londres à l'époque passe par un moment noir. Dépression économique, grèves à répétition. C'est l'explosion punk en 1977 que symbolise le triomphe des Sex Pistols habillés par Vivienne Westwood au moment du jubilé de la reine. « Moi, je n'étais pas tellement punk, plutôt Boy George, c'était d'ailleurs le début des soirées romantiques, on se déguisait en pyjamas ou en robes de cour. » En 1978-1979, Dubreuil déménage à Notting Hill dans une de ces maisons doubles londoniennes, le bel étage avec balcon, de belles pièces. « Il y avait beaucoup d'artistes, une faune, beaucoup de choses se passaient, c'était avant l'investissement des docks, à l'est. » Non loin de Portobello, c'était un quartier encore très populaire où avaient eu lieu, deux ans auparavant, des émeutes à l'occasion du carnaval. « Un de mes amis de Chelsea disait en se moquant : "c'est de l'autre côté du parc". » André y retrouve un certain nombre de nouveaux amis qu'il s'est fait par l'intermédiaire d'un de ses protégés, Dean Bright, un garçon du Shropshire assez doué pour les arts et qu'il envoie à la Saint Martin's School of Art. « Il m'a fait connaître beaucoup de gens autour de l'école, c'est à travers lui que j'ai rencontré Tom Dixon qui était alors dans son groupe funk. Et puis les copains de Tom, Mark Brazier Jones, Georgina Godley, beaucoup de filles qui faisaient un peu de tout. Dans la même bande, il y avait Hamich Bowl qui travaillait à l'époque chez *Harper's*, puis pour *Vogue* américain ; et aussi Tom Conran, bon cuisinier et très mignon, qui avait épousé Kathrina Borman, une de mes copines. On se voyait beaucoup avec les Conran, mais j'avais moins d'affinités avec le père que j'ai toujours considéré comme un très bon marchand, un très bon recycleur, un très bon pompeur, mais de là à en faire un bon designer... J'avais alors deux chiens, un Airedale terrier, beau comme un dieu et que j'avais honoré du nom de Ruhlmann, et une petite chienne batarde, dernière de la portée, que j'avais appelée Conran. Sa photo était parue dans la presse, ce qui n'avait pas plu à Conran. Elle s'est fait tuer par la suite par un chasseur. »

André Dubreuil, trompe-l'œil, 1976-1985.

Conran and the Sex Pistols

Gripped by an economic depression and a series of strikes, London was in a doldrums livened only by the "Punk explosion" of 1977, the triumph of the Sex Pistols attired by Vivienne Westwood – and the Queen's Jubilee. "The Punks weren't really my thing. I was more Boy George. Besides, it was the beginning of the romantic soirées. We would get ourselves up in pyjamas or court attire." In 1978–79, Dubreuil moved to a typical London semi-detached house in Notting Hill, with a first-floor balcony and spacious rooms. "There were lots of artists about, all kinds of strange types, a lot going on. This was before people began investing in the Docks over in the East End." A stone's throw from Portobello Road, Notting Hill was still a thoroughly working-class neighbourhood – only two years earlier a riot had taken place there during Carnival. "One of my Chelsea friends used to make fun of me by saying, 'It's on the other side of the park.'"

André made a number of new acquaintances here, through an artistically gifted protégée, a "Shropshire lad" named Dean Bright, whom he enrolled at St Martin's School of Art. "He introduced me to lots of people who gravitated around the school. It was through him that I met Tom Dixon, who had his Funk group at the time. And there were Tom's friends, Mark Brazier Jones, Georgina Godley, who was in fashion, a lot of girls who were dabbling in all kinds of things." Also part of this set were Hamich Bowl, who was working for *Harper's Bazaar* and later worked for American *Vogue*, and Tom Conran, "a very cute boy and a good cook, who was married to my friend Kathrina Borman. I used to see the Conrans a lot, but I felt less of an affinity for the father, whom I've always considered a great businessman, a good recycler, great at copying, but from there to being a good designer, well . . . I owned two dogs at the time: an Airedale terrier who looked divine and whom I called Ruhlmann – quite an honour – and a little mongrel bitch, the last of her litter, whom I called Conran. Her picture appeared in the press, which irked Conran. She was later killed by a hunter."

"I Just Fell into It."

The "very first time" André made an object, it was "by chance." The anecdote of how this happened has all the flavour and character of Dubreuil's work to come: "A friend of mine, Chantal Cody, was opening a chocolate boutique called Rococo, with a tearoom in the back, and she asked me to decorate the walls with pink and green arabesques." The place needed furniture, three tables and four chairs she had ordered from Tom Dixon. Tom, who had just starting out making furniture by welding together bits of salvaged metal, was running late and needed a helping hand. "I helped him make his chandelier and suddenly I developed a taste for the soldering iron. Suddenly, I just sort of fell into doing that kind of thing." Pink and green arabesques and assemblages of industrial debris: the genial tongue-in-cheek "trash", rococo and chocolate tone was set. This was in the spring of1985. The success of the endeavour was so immediate that the chance work partners decided to try and repeat the performance. The occasion came a month later when a friend announced he wanted to hold an exhibition in his hair salon, Cuts.

Perms and Welding

Dixon too, the Funkapolitan bass player and organiser of London warehouse parties, had discovered welding more or less by accident in 1983. A motorcycle buff, he had picked up arc welding while making small repairs at a garage in Clapham Junction. Following a motoring accident, he had kept himself busy making sculpture by welding together bits and pieces he found at Chelsea harbour rubbish depot. This was the origin of his sculptures and first pieces of furniture, born from the fortuitous encounter of reinforcing bars, copper tubing, industrial nuts and bolts, sewage grates and frying pans. That same year he had mounted a show with two friends, Mark Brazier Jones and Nick Jones. Nick, the Funkapolitan's singer, had coined the name *Creative Salvage*. They had had the idea of renting a shop in Kensington High Street for a week, filling it with salvaged metal, throwing together a few objects and items of furniture and exhibiting them then and there. By the end of the week almost everything had been sold.

Tom Dixon asked Mark Brazier Jones if he would like to renew the experiment with Dubreuil. "Brazier was making animals at the time which he would nail to trees in Hyde Park. We were the ones who urged him to try his hand at making furniture. We raided a scrap yard, brought back tons of discarded metal and cloistered ourselves for three days just before the opening." It was a particularly productive experiment: the three dabblers turned "creative salvaging" into a style. "I made a chandelier with shells and bits of painted aluminium. We were welding any old way, on rusty metal and so forth. The idea counted more than the workmanship. I remember that the client who bought the chandelier came back and wanted me to repair it, but it was irreparable, so I made her another one." Again, everything sold straightaway. The owner of Cuts was delighted with the publicity and the press was enthusiastic (Tom Dixon's photogenic looks helped). "It was a very opportune moment. There was plenty of money around, people were fed up with Minimalism and they wanted curves. They liked the slapped-together, scrap-yard, arts-and-crafts aspect of our pieces. We didn't design them, we simply made them on the spur of the moment."

« Je suis tombé dans le chaudron »

La « toute première fois » qu'André crée un objet, c'est « par hasard ». Mais quel hasard ! L'anecdote annonce la couleur, la saveur et les formes : « Chantal Cody, une amie, ouvrait un magasin de chocolat intitulé Rococo avec une partie salon de thé et elle m'avait demandé de décorer les murs d'arabesques vert et rose. » Encore fallait-il des meubles : trois tables et quatre chaises commandées à Tom Dixon, qui débutait dans le mobilier de métal par soudure d'éléments de récupération. Tom n'était pas en avance, il fallut donner un coup de main. « Je l'ai aidé à faire un lustre et j'ai soudain pris goût au fer à souder, c'est comme si, brutalement, j'étais "tombé dedans". » Arabesques vert et rose et collages de débris industriels, un ton est donné, *destroy* aimable et insolent, « rococo et chocolat ». Nous sommes en mai 1985. Le succès est tel que les complices occasionnels décident de remettre ça. Un ami envisage le mois suivant une exposition dans son salon de coiffure : c'est Cuts.

Soudures et indéfrisables

Contrebassiste du groupe funk Funkapolitan, organisateur de *warehouse parties*, des soirées dans d'anciens entrepôts, Dixon avait lui aussi découvert la soudure par hasard, en 1983. Amateur de moto, il apprend à manier l'arc à souder lors de petites réparations au garage de Paul Richsman à Clapham Junction et, à la suite d'un accident, s'amuse à la sculpture en soudant des éléments de récupération trouvés à la décharge du port de Chelsea. Ainsi naissent ses premières sculptures et ses premiers meubles, de l'hasardeuse union de fer à béton, de tubes de gaz, d'écrous et de boulons industriels, de grilles d'égout et de poêles à frire. La même année, avec deux amis, Mark Brazier Jones et Nick Jones, il avait organisé une exposition placée sous le signe du bricolage inventif : « Creative Salvage » (« La Récup' créatrice »), selon une formule trouvée par Nick Jones, le chanteur de Funkapolitan. L'idée avait été de louer une boutique pour une semaine dans Kensington High Street, de rassembler un joli tas de métal de récupération, d'en tirer quelques objets et meubles et d'exposer immédiatement. Le vendredi soir, presque tout était vendu. Tom Dixon demande à Mark Brazier Jones s'il veut renouveler l'expérience avec Dubreuil. « Brazier faisait à l'époque beaucoup d'animaux en métal qu'il allait clouer sur les arbres de Hyde Park, c'est nous qui l'avons poussé à aller plus loin et à se lancer dans les meubles. On a fait une razzia dans une casse, on a rapporté des tonnes de rebut de métal et on s'est enfermés trois jours, juste avant le vernissage. » Claustration fertile, ces trois amateurs font de la récupération un style. « J'avais fait un lustre avec des coquillages, des bouts d'aluminium peints, on soudait n'importe comment sur du métal rouillé, c'était plus l'idée qui l'emportait encore que la réalisation. Je me souviens que la cliente qui avait acheté le lustre est revenue, il fallait le restaurer, c'était irréparable, je lui en ai refait un autre. » Là aussi, succès immédiat, tout est vendu, le propriétaire de Cuts est ravi de la pub, la presse est enthousiaste (la photogénie de Tom Dixon n'y est pas pour rien). « Le moment était très porteur, il y avait de l'argent, les gens en avaient marre du minimal, ils voulaient des courbes et ce qui leur a plu, c'était le côté récup', mal foutu, *arts and crafts* pour utiliser un mot anglais. Nous ne faisions pas que réaliser des dessins, nous exécutions "à chaud". »

Le Londres de la récup'

Ils n'étaient pas les seuls à Londres, en ce début des années quatre-vingt, à chercher un nouveau type de création dans le domaine du mobilier pour échapper autant au classicisme qu'au modernisme. Au même moment, Ron Arad, après des études aux Beaux-Arts de Tel-Aviv, reçoit l'enseignement de l'Architectural Association de Londres. À peine entré dans la vie professionnelle, il ouvre, en 1981, à Covent Garden qui vient d'être abandonné par ses « halles », un atelier-boutique pour vendre sa propre production, c'est One Off (« Pièce unique »). Alors qu'il n'avait en rien été formé dans la direction design, il se lance lui aussi dans la récupération et cet esprit bricolage DIY (*Do it yourself*) largement diffusé par l'esprit autarcique et anarchiste des punks. Sa première trouvaille dans une décharge : un siège rouge de Rover qu'il destine à une nouvelle vie. Autres bricolages, le tabouret *Puch*, un siège de Vespa anglaise sur un piètement en fer rond, ou encore la lampe *Tree*, dont les branches en tube souple sortaient d'un socle en béton. Même un créateur un peu plus jeune comme Jasper Morrison n'échappe pas à ce moment subversif avec sa table dont le piètement est fait de deux guidons de vélo de course reliés par une barre en bois (1981) et avec ses collages de verrerie de laboratoire. Tombé dans la soudure par hasard, attiré par ce jeu de la récupération, dernier venu dans ce club informel des ferrailleurs et des bricoleurs, André Dubreuil est séduit par le fer à béton qu'il apprend à manier avec Dixon. Dans ses mains, il devient une ligne qu'il jette dans l'espace, courbe selon son dessein, sans avoir pour autant recours au dessin. C'est la réalisation elle-même qui modifie et conduit l'idée primitive : « Jamais je ne fais de dessins d'exécution, d'abord parce que tout peut changer à chaque moment et puis tout simplement parce que je tiens à garder la maîtrise de l'objet jusqu'au bout… » Les rares dessins finis sont réalisés à partir des œuvres ou autour de l'œuvre, commandés pour des archives (pour le Victoria & Albert Museum par Stephen Calloway par exemple) ou pour des cartons d'invitation (pour l'exposition à la galerie Gastou à Paris). Les dessins interviennent parfois comme croquis d'origine, encore très primitifs

Appartements-ateliers
d'André Dubreuil à Londres.
Cette page : Bassett Road.
Page de droite : Beethoven Street.

Tom Dixon chez lui à Londres, 1986.

Le fauteuil d'André Dubreuil et de Tom Dixon, 1986.

London's Salvage Days

They weren't the only ones in early-80s London looking for a new type of creative furniture as an alternative to both Modernism and Classicism. In 1981, Ron Arad, who had been taking courses at London's Architectural Association after studying art in Tel Aviv, opened the One Off studio boutique in Covent Garden (which had just lost its market), to sell his own work. Without any formal training in design, he too threw himself into "creative salvaging" and the DIY spirit popularised by the anarchistic, self-sufficient creed of the Punk Movement. His first find was a red Rover seat salvaged from a tip. This was followed by the *Puch* stool, a motor-scooter seat mounted on a circular iron stand, and the *Tree* floor lamp consisting of flexible tubular branches emerging from a concrete base. Even the somewhat younger Jasper Morrison was influenced by the era's subversive mood and joined together two racing bicycle handlebars with a piece of wood to create a table (1981). He also made assemblages from discarded laboratory glassware.

A latecomer to this informal club of "salvage" enthusiasts, Dubreuil was particularly taken with the potential uses of concrete reinforcing bars. With Tom Dixon he learned to handle these steel bars, bending them to some inner design without ever having recourse to pen and paper. The process of creation itself shapes and drives the idea that gives birth to it. "I never make a blueprint, firstly because everything can change at any given moment and secondly because quite simply I want to retain control of the object to the very end . . . ." Dubreuil's few finished drawings were made from completed works or inspired by them, or were commissioned for archives (by Stephen Calloway, for instance, for the Victoria & Albert Museum) or made to illustrate invitations to gallery openings (for example, for a show at the Gastou gallery in Paris). He sometimes dashes off a very rough preliminary sketch before starting on a piece or when giving the piece an orientation as he is actually working on it, but, generally speaking, the solution to a given problem springs naturally from the technical difficulty he encounters as he goes along.

As for "creative salvage," it is an art Dubreuil still practices: found objects, cast-away domestic or industrial items are usually given a place in his designs, inserted in the overall shape of his works and, as such, they obviously contribute to their character. Frames from photo enlargers, discarded glass from a factory's rubbish bins, industrial metal rings – all are grist to Dubreuil's mill. "I've always liked to hunt around for all sorts of old things. I used to love glass objects, floaters for fishing nets, lenses, mirrors . . . . I made my first standard lamp with a distorting mirror."

A Parting of Ways

Tom Dixon played an important part in Dubreuil's beginnings. Not only was he responsible for getting him to make furniture, but it was he who taught Dubreuil the rudiments of welding. Soon after completing the Rococo project, the two friends made an armchair together. Tom "was very gifted, full of ideas, very inventive, and he especially gave me the enthusiasm to carry on. It's not easy deciding to make a go of it alone." Dubreuil set up a primitive studio in his as yet undecorated living-room. He bought arc welding equipment, an angle grinder and a free-standing vice. "The neighbours were very understanding. For a while there were three of us working there: Mark, Tom and me."

ou, en chemin, quand il faut trouver une orientation, mais généralement c'est la difficulté technique qui, une fois résolue, donne la solution. Quant à la récupération, au *creative salvage*, Dubreuil n'y renoncera jamais : objets trouvés, éléments de rebuts ou industriels, la récup' est intégrée dans le dessin, insérée dans la forme globale, même si, en évidence, elle contribue au caractère de la pièce. Vieux cadres d'agrandisseurs photos, bouts de verre trouvés dans les poubelles d'une usine, anneaux métalliques industriels…, « j'ai toujours aimé chiner des tas de choses, j'adorais les objets en verre, les boules de pêcheurs, les lentilles, les miroirs, c'est avec un miroir déformant que j'ai conçu mon premier lampadaire… ».

Divergences

Tom Dixon joue donc un rôle important dans les débuts de Dubreuil. Non seulement, c'est par lui que tout est arrivé, mais c'est lui qui l'initie aux rudiments de la soudure. Tout juste après Rococo, ils réalisent même un fauteuil ensemble, moitié moitié. « Tom était très doué, plein d'idées, très inventif et il m'a surtout donné l'enthousiasme pour continuer, décider qu'on va se lancer seul n'est pas évident. » Dubreuil installe un atelier rudimentaire chez lui dans le salon qu'il n'avait pas fini de décorer. Il achète un poste à arc électrique, une meuleuse et un étau sur pied. « Les voisins étaient très complaisants, pendant un moment, on a même été trois, Mark, Tom et moi. » Très vite cependant apparaissent des différences et des différends entre les deux ferrailleurs. « Tom était très brillant et il avait les défauts de ses qualités. Avec l'arc à souder, il voulait faire d'abord des étincelles. Pour lui une idée suffisait, j'étais pour ma part plus sensible au travail, je voulais que les choses soient mieux finies et que, du point de vue du détail, les raccordements soient moins brutaux. »

Deux photographies de Tom Dixon et d'André Dubreuil, parues sur la même page d'un magazine peu après l'exposition Cuts, suggèrent les différences entre les deux artistes. Dixon a choisi de poser debout chez lui, les bras ballants, élégamment vêtu d'un costume à la mode, les cheveux ébouriffés, il nous regarde d'un peu haut, avec sa figure de *putto*. À ses pieds, à droite, bien en évidence, la guitare basse du musicien, sur un mur, les instruments de torture du ferrailleur, scies, marteaux tenailles, sur l'autre mur, des portraits d'amis à la gouache, punaisés en vrac, parmi eux, André. Au premier plan, une pièce récente, un aquarium, fait d'éléments de récupération dont une vaste corolle de fer, repose sur un pied fait d'une section d'arbre de transmission avec son moyeu cranté. De chaque côté de la fontaine-aquarium, deux chaises. Celle de droite est composée de tubes de laiton de sections différentes, enfoncés les uns dans les autres,

André Dubreuil chez lui à Londres, 1986.

However, Tom and André soon began to differ. "Tom was extremely brilliant and had the shortcomings of his qualities. What he liked most about arc welding was making sparks. All he cared about was the idea. I was more interested in craftsmanship, I wanted things to look more finished, I wanted the details to be joined up less brutally."

Two photographs of Tom Dixon and André Dubreuil, which appeared on the same page of a magazine soon after the Cuts show, suggest the differences between the two artists. Dixon is seen standing loose-armed and tousle-haired in his home, elegantly attired in a fashionable suit, with his cherub's face looking down at us a little superciliously. His base guitar is clearly in view on the floor to his right. His iron-working "torture" tools – saws, hammers, tongs – hang on one wall, while gouache portraits of his friends, among them André, are tacked any old how on the other wall. In the foreground is one of his recent pieces, an "aquarium-fountain," fashioned from salvaged odds and ends including a glass basin, a large metal corolla and an upright section of a cam shaft. A couple of chairs flank the aquarium fountain: the one on the right consists of brass tubing of different diameters, fitted into each other. Its mate consists of two distinctly separate parts: the seat is a weave of crudely joined steel bars, while a large cast-iron letter is welded below it. "I just want to be versatile," proclaims the artist.

Dubreuil, in contrast, has chosen to tidy up his studio. Wearing a buttoned-up shirt, he is seated on a bare dais covered with a large roll of paper. The side-lighting makes his head look as if it had been fashioned from two different halves. His eyes peer out mockingly. His bald head and the hands joined on his knees reinforce the monkish aspect captured in other portraits of him from this period. Only three objects claim our attention: the armchair described earlier (cat. n° 5, in all, only a couple of them were ever produced), displaying its ornamental scrolls with calligraphic virtuosity. Standing in front of the artist is a pedestal table made from two recycled blue ceramic elements set in a light, spidery structure of steel rods. The feet end in elegant neo-classical Greek frets. The steel bars, which have the appearance of Napoleon III cable moulding, are gilded where they support the ceramic pieces. Between these two items is a clock made from an eighteenth-century clock face supported by clock components and placed on a foot made from salvaged scraps. Dubreuil subsequently devised a lapis-lazuli base for this timepiece, which has remained in his private collection.

The profusion in Dixon's studio photograph is in marked contrast to the austerity of the setting in Dubreuil's portrait. The diversity of the sculptor's materials and textures is echoed by the straightforward contrasts of a master of line – the spontaneity of an assemblage on the one hand and, on the other, stylistic references concealed in a unified design. Take, for example, the armchair fashioned jointly by the two artists, which Georgina Godley presented in the October 1986 issue of British *Vogue*. "Their 'lounge chair', is simply the only chair to combine their skills. It's 'formal' at the top (that's André's work) and organic at the bottom (Tom), a bit like strata in a geological museum. I love it because it bows to the armchair tradition in general but nor to any specific tradition." In October, Dubreuil took part in a collective show at Smiths Galleries in Soho with Tom Dixon, Andy The Furniture Maker, fashion designers like Georgina Godley, the painter Philip Core, and John Webb, who exhibited his furniture made from random aluminium poured on sand.

Dubreuil's First Solo Exhibition

Dubreuil's career truly got off to a start with his first one-man show, which opened at Themes & Variations in May 1986. Founded by Liliane Fawcett and Giuliana Medda, this young gallery near Portobello Road specialised in twentieth-century furniture and objets d'art, especially French Art Deco and Italian designs from the 30s to the 50s. Entitled "Furniture by André Dubreuil," the exhibition was presented under the banner "The Necessity of Ornamentation." The press release pointed out that "André Dubreuil has reacted against Minimalism and advocates a return to ornamental work as a possible means of bringing back a measure of humanity to modern interiors. He has opted for the steel bar as his favourite medium. His linear touch imparts lightness to his furniture and the roughness of the material is tempered by the interactions of his lines . . . . His creations provide a warm alternative to the angular lines of most modern furniture."

For the Post-Modern designers throughout Europe, who had been producing work and making statements for a decade, ornaments were not always a number-one priority. But to André Dubreuil they came first, before even stylistic references. As should be clear from our discussion of his first two chairs, Dubreuil, by giving free rein to his "ornamental impulses" and then taming them – impulses nourished by his vast knowledge of historical styles – is able to feel his way towards the few fundamental shapes of classic furniture which he "rediscovers," so to speak, through his innovative approach to making furniture.

For all his visual culture, his knowledge of French eighteenth-century furniture-makers, Ruhlmann's marquetry

deux tubes à la courbe molle relient les pieds avant et l'assise. L'autre est en deux parties nettement séparées : un réseau de fer à béton compose l'assise, l'unité est volontairement cassée par des raccords grossiers, tandis que, sous la ceinture, est soudée une lettrine de fonte. *« I just want to be versatile »*, affirme l'artiste.

Dubreuil, chez lui, a choisi en revanche de faire le ménage. Le gros rouleau de papier du photographe esquisse une estrade vide où il est assis, en chemise au col fermé. Sa tête, coupée en deux par l'éclairage latéral, nous regarde narquoise, la tonsure et les mains jointes sur les genoux accentuent ce côté monacal que l'on retrouve sur ses portraits contemporains. Trois objets seulement se détachent : le fauteuil *Musique* (cat. n° 5, deux ont été réalisés en tout) déploie avec une assurance calligraphique ses volutes ornementales. Devant l'artiste, un guéridon est construit autour de deux éléments en céramique bleue de récupération qui sont enchâssés dans une structure légère, arachnéenne, de fer à béton. Les pieds se terminent en d'élégantes grecques néoclassiques. Doré là où il soutient la céramique, le fer à béton se camoufle en cordelière de fonte Napoléon III. Entre les deux, une pendule faite d'un cadran du XVIIIe siècle tenu par des pièces de mécanique d'horlogerie, le pied étant formé de morceaux de récupération – André lui adjoindra plus tard un socle en lapis –, une pièce qu'il a toujours gardée pour lui.

À la profusion de l'atelier de Dixon s'oppose la rigueur de la mise en scène de Dubreuil. À la diversité des matières et des textures du sculpteur répondent les contrastes simples du graphiste. À la spontanéité collagiste, les références stylistiques dissimulées sous l'unité du dessin. Un autre exemple pour préciser : le fauteuil fait par les deux créateurs est présenté par Georgina Godley dans le *Vogue* anglais d'octobre 1986 : « Leur "fauteuil de salon" est simplement la seule chaise qui combine leurs talents. C'est *formal* en haut (ça c'est André) et organique en bas (c'est Tom), un peu comme des strates pour un musée géologique. Je l'adore parce qu'il suit les traditions du fauteuil, mais n'obéit à aucune d'entre elles. » En octobre, Dubreuil participe à une présentation collective à Smiths Galleries, à Soho, avec Tom Dixon, mais aussi avec Andy The Furniture Maker, des stylistes comme Georgina Godley, un peintre, Philip Core, et John Webb avec ses meubles faits de coulures aléatoires d'aluminium dans le sable.

Carton d'invitation, exposition galerie Thèmes et Variations, Londres, mai-juin 1986 (bureau, cat. n° 6).

Double page suivante :
André Dubreuil, variations autour du fauteuil *Trône*, 1985 (cat. n° 1).

La première exposition

La première exposition personnelle chez Thèmes et Variations en mai 1986 lance définitivement Dubreuil. Fondée par Liliane Fawcett et Giuliana Medda, située non loin de Portobello, la jeune galerie s'est spécialisée dans le mobilier et les objets du XXe siècle, de l'Art déco français et du mobilier italien des années trente à cinquante. Intitulée « Furniture by André Dubreuil », l'exposition est présentée par la galerie avec le *motto* : *The necessity of ornamentation*. Le communiqué de presse est explicite : « André Dubreuil a réagi contre le minimalisme et plaide pour un retour à l'ornementation comme un moyen possible de faire revenir un peu d'humanité dans les intérieurs modernes. Il a choisi comme médium favori la barre de métal. Sa qualité graphique donne à son mobilier sa légèreté, et la rudesse du matériau est adoucie par le jeu des lignes entre elles... Ses créations offrent une chaleureuse alternative aux lignes angulaires de la plupart des meubles modernes. » Pour les créateurs post-modernes, qui produisent et s'expriment depuis déjà une décennie dans toute l'Europe, la revendication de l'ornement n'est pas toujours prioritaire, pour André Dubreuil, elle va de soi, avant même toute citation stylistique. L'analyse de ses deux premiers sièges l'a montré, c'est en donnant libre essor, puis en domestiquant ses « pulsions ornementales », pulsions nourries par sa grande connaissance historique, que Dubreuil peut, à tâtons, se diriger vers quelques formes fondamentales du mobilier classique qu'il « redécouvre » en quelque sorte par sa nouvelle pratique. Si la culture visuelle de Dubreuil est immense, s'il connaît aussi bien les menuisiers français du XVIIIe siècle que les ébénisteries de Ruhlmann ou les fers forgés de Poillerat, il sait que devant l'étau ou l'arc à souder il oublie tout. Une raison de plus de ne pas avoir recours au dessin, ce terrible véhicule des habitudes et du souvenir. Parmi les photographies les plus publiées lors de son exposition, un siège montre comment ce jeu des courbes peut aboutir à un archétype, celui du cabriolet Louis XV, recréé non par collage stylistique, mais par la souple articulation des lignes. Ce fauteuil, l'héritier du siège mixte Dixon-Dubreuil, était destiné au bureau reproduit sur l'invitation (cat. n° 6). Repris en main, le piètement s'articule organiquement avec le dossier et les accoudoirs moins brutaux se terminent en volute. L'assise est ornée d'une galette bombée en cuir réalisée par Bill Amberg, un sellier qui arrivait aussi à mouler son cuir. Autre création contemporaine fondée sur le jeu des lignes : la chaise *Ram* (cat. n° 23), où les citations stylistiques plus ou moins conscientes (pieds de la chaise *Klismos* et volute Directoire) sont intégrées dans une calligraphie aérienne. Sans avoir besoin de citer ou de coller, l'ornement, par sa dynamique graphique, crée ici un style.

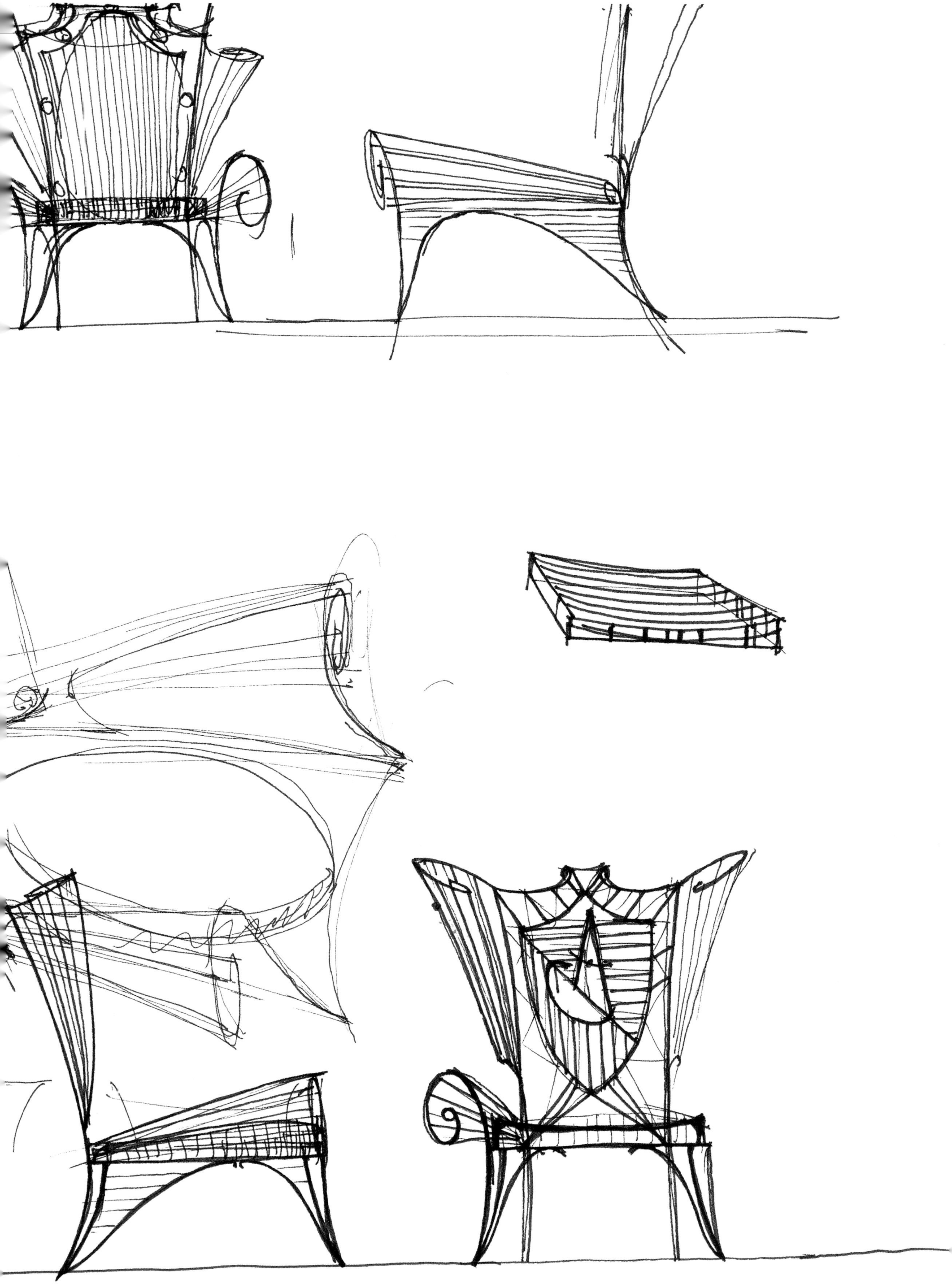

André Dubreuil, carnets de dessins.

In Praise of Reinforcing Bars

It's hard to imagine a rougher, more rudimentary and cheerless material. Produced by the yard, concrete reinforcing bars rust in no time. They are to the nickel-plated tube what a kitchen chair is to a Louis-XV bergère. Compared to reinforcing bars, wrought-iron looks positively aristocratic and even plumbing pipes have the nobility of antique bronze. Usually concealed in a mass of concrete, the reinforcing bar is revealed in all its bareness in a Dubreuil piece, having no other ornament than the spiralling, irregular mark left by the machine that manufactured it. Its cheapness makes it a perfect medium for penny-pinching sculptors and it has become the basic medium of Art Brut sculpture and the "designer-ish" speculations of artists like the Austrian sculptor Franz West. While the tubular scaffolding dear to Ron Arad can be used for constructing milking stalls for cows, reinforcing bars have lowlier uses, such as building rabbit hutches. In short, its very modesty as a material means that it can serve to make almost anything. It's an ordinary, easy-going, unintimidating sort of material. Anybody of average strength can hold it, bend it, weld it. Working it is almost as easy as scribbling on a sheet of paper. Not surprisingly, in Dubreuil's rare rough sketches exploring a crude reinforcing bar's outline in space, you can immediately recognise the coils, rinceaux, spirals and scrolls of the decorative artist's vocabulary. His first creations, a couple of chairs, testify to this shift from a two-dimensional surface to a three-dimensional volume.

and Poillerat's wrought-iron work, Dubreuil knows full well that he forgets everything the moment he takes up a welding torch. Which is another reason for not relying on drawing, that dire vehicle of ingrained habits and memory. A chair in one of the most frequently published photographs of his exhibition shows how a simple array of curves can be made to evoke an archetype – in this case, a Louis-XV cabriolet armchair – which is recreated, not by means of a stylistic collage but through sinuously articulated lines. This chair, an offspring of the joint Dixon-Dubreuil piece, was conceived as a mate for the desk which was reproduced on the exhibition's invitation card [cat. n° 6]. The redesigned base is organically connected to the back, and the arms, less abruptly shaped than those of the original chair, end in scrolls. The seat is graced with a rounded leather pad made by Bill Amberg, a saddler skilled in moulding leather. Another of Dubreuil's contemporaneous creations based on a play of lines is the *Ram Chair* [cat. n° 23], with its more or less conscious stylistic allusions (to the foot of the *Klismos Chair* and the Directoire-style volute) blending in an airy calligraphy. Freed from the need to borrow or quote, the ornament creates it own style here, simply through its linear dynamic.

Two Dubreuil Incunabula

The first [cat. n° 1] is pure Dubreuil – childlike, unsophisticated, hieratic and archaic. With its vaguely medieval escutcheon and somewhat heraldic crown, it is primarily conceived as an archetypal throne. The base is simple: the feet combine several steel rods to give them solidity, while one of the rods curves in space to form a scroll. Though they remain open, these spirals engender volumes. The same motion is repeated on the chair back, which is adorned with two wings. Nothing is spelled out, yet everything is there: sheaves of lines create curving networks which give birth to spidery, light-as-air geometrical figures.

Presented a year later in Dubreuil's first one-man exhibition, the second chair [cat. n° 5] shows how far the artist progressed in a matter of mere months: the scrolls and spirals no longer adorn the chair, they *are* the chair. Three bundles of asymmetrical reinforcing bars are all it takes to establish the chair's volume. Rising from the ground, they form the back and the armrests, between which a simple leather seat is firmly held in place. Reproduced in *The Craft Council Newspaper* and *Gran Bazaar*, the armchair has all the boldness of a manifesto: a return to ornament that flies in the face of the Modernist dogma. Far from being banished or even "tolerated" as an adjunct to

Éloge du fer à béton

On ne saurait imaginer plus brut, plus élémentaire, plus misérable. Fabriqué au kilomètre, le fer à béton qui se rouille aisément est au tube nickelé ce qu'une chaise de cuisine est à une bergère Louis XV. À ses côtés, le fer forgé prend des allures princières, et le tube de plomberie la noblesse d'un bronze antique. Normalement caché dans la masse du béton, il est ici exhibé, nu, sans autre agrément que la cicatrice irrégulière et spiralée laissée par la machine. Bon marché, il est la proie des pique-assiettes de la sculpture et devient le matériau de base pour la sculpture « brute » et la spéculation sur le « design » d'artistes comme l'Autrichien Franz West. Si le tube d'échafaudage cher à Arad sert à fabriquer des box pour la traite des vaches, le fer à béton est dévolu à la fabrication des cages à lapins, c'est dire s'il encourage, par sa modestie, tous les usages. Libéré, bon camarade, prêt à tout, sans complexes, il n'intimide pas. À condition d'être doté d'une musculation normale, le saisir, le courber, le souder, c'est aussi simple que de jeter quelques coups de crayons sur un papier. Et de fait, à voir les rares croquis griffonnés par Dubreuil pour imaginer ce que pourrait donner cette barre grossière dans l'espace, on reconnaît les enroulements et les rinceaux, les volutes et les spirales des ornements du peintre décorateur. Ses premières réalisations, deux sièges, témoignent de ce passage décisif du plan au volume.

Deux incunables

Enfantin, naïf, hiératique, archaïque, le premier [cat. n° 1] contient tout Dubreuil. D'abord est conçu le trône archétypal avec cet écusson vaguement médiéval et ce couronnement vaguement héraldique, l'assise est simple, les pieds trouvent leur solidité par la réunion de plusieurs tiges de fer et puis, l'une d'entre elles se lance dans l'espace et génère une volute. Ces spirales engendrent des volumes, mais restent encore ouvertes. Le même mouvement se fait au niveau du dossier qui s'orne de deux oreilles. Tout est suggéré, mais tout est là : des familles de lignes créent des réseaux qui s'incurvent et mettent à jour des géométries légères, arachnéennes. Le second [cat. n° 5], présenté un an plus tard lors de sa première exposition personnelle, montre le chemin parcouru : le siège n'est plus orné de volutes et de spirales, ce sont elles qui forment le siège. Trois bouquets de fer à béton asymétriques suffisent à créer le volume final. Partant du sol, ils forment le dossier et les accotoirs, coinçant entre eux une simple galette de cuir. Reproduit par *The Craft Council Newspaper* et par *Gran Bazaar*, ce fauteuil a la fraîcheur d'un manifeste : un retour à l'ornement qui est un affront aux *diktats* modernistes. Loin d'être banni, d'être à la limite toléré s'il vient « mettre en valeur » la structure, l'ornement prend la place de la structure. Non content de revenir, il

Fauteuil *Ram* chez André Dubreuil à Mareuil, 1986 [cat. n° 7].

Fauteuil *Araignée 2* chez André Dubreuil à Bassett Road, 1986 [cat. n° 2].

structure, the ornament *becomes* the structure. Dubreuil had a knack for turning his handicaps – his asymmetrical designs, his reversion to ornament, his beginner's distinctly non-professional look – into strengths.

Assemblage or Design?

The raw, "salvage" look only fascinated Dubreuil in his first heady days as a furniture-maker. He preferred rigorous designs to playing with assemblages. The question is, What designs? The attraction of rough reinforcing bars quickly palled: "They seemed a bit rustic to me. I often curved them to give them a more pleasing and gentler appearance. It was quite an apprenticeship, 6, 10 and even 20 (millimetre) bars which had to be bent in a vice." Shapes came to the artist as he worked the metal, the designs becoming gradually more refined in the process. "I worked directly on the iron, beginning with thick structural bars to give the piece stability, then I would fill in with curves that engendered further curves, as if I were making a bridge. By the time I had completed the design, the piece was done.' Wary of drawing on paper, as we have seen, Dubreuil shaped his designs mentally in the course of his physical struggle with the "wretched" iron bars. "Drawing puts me on my guard. Everything works on paper, but making a piece is altogether a different matter. Of course, I have on occasion done sketches, rough little outlines, to jot down an idea." One of Dubreuil's most stunning achievements from this period – a screen [cat. n° 10] – speaks volumes about the profusion of formal ideas burgeoning in his mind. After establishing a basic rectangular structure, the artist began to shape arabesques. From this teeming, contradictory welter, some lines evolved into feet, others soared into thin air. The whole process was one of choosing, fashioning and experimenting.

Paravent, 1986 (cat. n° 10).

s'impose avec l'insolence d'un criminel impuni. Asymétrie, inversion ornementale, bricolage de débutant, Dubreuil multiplie les handicaps qui tournent à son avantage.

Collage ou dessin ?

Le côté brut et récup' ne l'amuse que dans l'ivresse des premiers moments. Au collage amusant, Dubreuil préfère la rigueur du dessin, mais quel dessin ? Très vite, la rudesse du fer à béton le lasse : « Je le trouvais un peu rustique, je l'ai beaucoup courbé pour le rendre plus aimable, plus plaisant, c'était un vrai apprentissage, des barres de 6, de 10 et même de 20 (millimètres) qu'il fallait tordre sur l'étau. » C'est en le travaillant que les formes se trouvent et que le dessin s'affine. « Je travaillais directement avec le fer, je commençais avec les grosses barres principales pour que ça ne bouge pas, puis je remplissais, un peu comme un pont, des courbes qui s'engendrent les unes les autres, le temps de faire le dessin, le meuble se faisait. » On le sait, Dubreuil se garde du dessin sur papier, son dessin est un dessin mental qui se réalise dans le corps à corps avec ce fichu fer, un « dessein » dirait-on : « Je me méfie du dessin, sur le papier tout fonctionne toujours, la réalisation, c'est autre chose, certes il m'est arrivé de faire des petits croquis, des petits crobards, de jeter une idée... » Une des plus étonnantes réalisations de cette période en dit beaucoup sur le foisonnement formel qui l'habite. Il s'agit d'un paravent (cat. n° 10) : Dubreuil installe une structure minimum, orthogonale, puis, en guise de jointure, lance quelques arabesques. Foisonnantes, contradictoires, certaines deviennent des pieds, d'autres s'élancent dans le vide, encore faut-il choisir, travailler, expérimenter.

The Spine Chair

Widely photographed and reproduced, included in Vitra's collection of miniature chairs, acquired by the planet's leading museums – MOMA in New York, the Victoria & Albert Museum in London, the Musée des Arts Décoratifs in Paris – the *Spine Chair* [cat. n° 8] is one example of Dubreuil's furniture that everybody is familiar with, even if not everyone knows the name of its maker. "It came about in reaction to a provocative statement from another of my friends in those days, Jasper Morrison, who was part of our gang. We had an argument one night over design and Minimalism, which I loathe. He claimed that it was very easy to do complicated things and that the simple idea was precisely what was difficult. This irked me and I brought out the *Spine Chair* to show that I was capable of doing something Minimalist." The first version of the chair ended in a sharp point. As the back could not be extended any further, Dubreuil modified his design. "I made the definitive version in two days and Morrison was the first to see it, but it was Liliane Fawcett and I who found a name for it – the *Spine Chair*."

The chair caught on immediately. Ron Arad wanted to show it at One Off, but Dubreuil declined. The first exemplar was made with reinforcing bars and a flat strip for the seat. "I handmade ten of them with reinforcing bars. Then I found someone to produce them in London, a man named Camel, and he manufactured fifty numbered copies. That seemed like a huge number to me, but the whole lot sold within a year. Then I did a larger version of the same model as an armchair for the Italian firm Ceccotti."

As a measure of its success, the *Spine Chair* was copied widely. What is its secret? Firstly, it is approachable. There is nothing daunting about it. "After all, it's only a garden chair," says the artist modestly. Its material is familiar (the original reinforcing bars quickly gave way to steel rods), and its shape attractive and simple. Secondly, it holds the eye, as it is obviously not quite as simple as it looks. How does it function, one wonders? You begin to notice the fact that it is flexible, is able to move and seems to be alive. The name "Spine" emphasises its fundamental, organic aspect. It is at once rigid and supple, columnar and vertebral, nervy and limber. It is a reassuring presence, something you can count on. Depending on one's viewpoint, its shape changes. In profile it looks like an elegant, dynamic rinceau scroll, with curving lines that evoke a child's toboggan. Positioned at the foot of stairs, as in Philip Starck's house, it suggests the opposite: climbing, an upward sweep. Seen face on and from below, with its two scrolls and its thrusting back ending in a kind of slit, it has a rather phallic appearance. Possibly too, if you view it sideways, you can make out the contours of a truncated Ionic capital set at a slight angle, like the famous Studio 65 armchair. But while the Italians explicitly put forward the architectural analogy, Dubreuil merely hints at it. The line, not the shape is what counts. Seen diagonally, the chair's image becomes less clear, yet it is still mysterious and intriguing.

Dubreuil's first asymmetrical chair and the sketch for his screen show clearly the kind of linear dynamics that spring from his hand. With the *Spine Chair* we have a simple gesture, an elementary ornament which takes shape as an object, its constituent parts being created organically. The back and the legs are part of an organic whole, a single surge of lines that establish the base of the seat in space in such a manner as to make it impossible to separate it from the legs. Also the chair as a whole speaks to us because it has an effortless, tried-and-tested classical shape: an Ionic flaring or, if you like, a lotus flower's calyx. Its miraculous look springs from its natural appearance, the slender poetic calligraphy of its lines and the idea that it is a chair designed to "hold" the body. It's like a dreamy scrawl on a sheet of paper that actually functions. When an object has such universal success, it's because it lends itself to every kind of interpretation, even the most extravagant one. Instead of dictating a single reading, it suggests a multitude of approaches. Far from interfering with each other, the organic, geometric and stylistic metaphors it brings to mind blend together and echo each other. In short, the *Spine Chair* is an ecumenical chair, fit for anyone to sit in.

La chaise Spine

Photographiée et reproduite partout, intégrée par Vitra dans sa collection de chaises miniatures, achetée par les plus grands musées du monde comme le Museum of Modern Art de New York, le Victoria & Albert Museum de Londres ou le musée des Arts décoratifs de Paris, s'il est un meuble de Dubreuil que tout le monde connaît, même sans savoir le nom de son créateur, c'est la chaise *Spine* [cat. n° 8]. « Elle est née comme une réaction à une provocation d'un copain de l'époque, Jasper Morrison, qui faisait partie de la même bande. Nous avions une dispute un soir autour du design et du minimalisme que je déteste. Il prétendait que "faire du compliqué, c'était très simple et que l'idée simple, c'est ça justement qui était difficile". Ça m'a énervé et j'ai sorti cette chaise pour montrer que je pouvais faire du minimal, ça a été l'accouchement immédiat. » La première version avait le bout pointu. Dubreuil ne pouvant allonger le dossier sans la reprendre entièrement, il la modifie. « La version définitive a été faite en deux jours et Morrison est le premier à l'avoir vue, mais c'est Liliane Fawcett et moi qui l'avons baptisée : la colonne vertébrale, l'épine dorsale. » Elle plaît immédiatement, Ron Arad veut l'exposer à One Off, ce que décline Dubreuil. La première est réalisée en fer à béton et en ruban plat pour l'assise. « J'en ai fait dix de ma main en fer à béton et j'ai trouvé un producteur, un ferronnier à Londres, Camel, qui m'en a fait cinquante numérotées. Je trouvais ça un nombre immense, tout a été vendu dans l'année. Ensuite j'ai refait le même modèle, plus grand, comme un fauteuil, par les Italiens Ceccotti. » Signe du succès, comme la sellerie de grande marque, elle est copiée partout.

Pourquoi tant d'amour ? Tout d'abord parce qu'elle se laisse aisément approcher, elle n'intimide pas. « Après tout ce n'est qu'une chaise de jardin », comme dit modestement son auteur. Son matériau (le fer à béton est très vite abandonné pour de la barre de fer) est évident. Elle attire donc aisément et sa forme, simple, semble familière. Dans un second temps, elle retient le regard car cette simplicité n'est qu'apparente : comment ça fonctionne ? C'est alors qu'on découvre qu'elle est souple, qu'elle bouge, qu'elle vit. Le nom de *Spine* souligne bien ce côté organique et fondamental, colonne certes, mais vertébrale, souple et nerveuse à la fois, rassurante, sur qui on peut compter. Quant à sa forme, elle change selon le point de vue. De profil, un élégant rinceau, nerveux, dynamique. Sa courbure évoque le toboggan enfantin, la glisse, quelque chose de joyeux. Placée en bas d'un escalier, comme dans la maison de Starck, elle suggère au contraire la montée, donnant un élan au rythme ascensionnel. De face, vue de bas, avec ses deux enroulements et l'élan du dossier qui se termine par une sorte de fente, elle a quelque chose de phallique, toujours la montée. Il est possible également d'y voir, vue de côté, le profil d'un fragment de chapiteau ionique, coupé, posé en biais, un peu comme celui de Studio 65. Mais là où les Italiens revendiquaient clairement l'analogie architecturale, elle est ici simplement suggérée, à la forme est préférée la ligne. De biais, l'image se brouille, elle reste intrigante, mystérieuse.

Le premier fauteuil asymétrique et le croquis pour le paravent montrent bien le dynamisme graphique qui habite la main de Dubreuil. Nous avons à faire avec la *Spine* à un geste simple, un ornement élémentaire qui prend forme d'objet car ses différentes parties sont créées organiquement. Le dossier, les pieds arrière et les pieds avant sont d'un seul geste, d'un seul jet qui permet à la volute de l'assise de se poser dans l'espace sans que l'on puisse la distinguer et l'opposer au piètement. L'ensemble s'impose aussi parce qu'il retrouve sans le vouloir une forme classique, éprouvée, l'évasement ionique ou, si l'on préfère, le calice de la fleur de lotus. Le côté miraculeux de cette chaise tient à ce naturel, à cette calligraphie poétique, fragile, à cette idée de chaise qui « tient ». Comme une de ces rêveries gribouillées sur le papier qui, finalement, fonctionne. Certains ont pensé à Cocteau dont le graphisme fluide fut parfois transformé en structures légères de fil de fer. Imaginons un instant qu'un des modèles du *Livre blanc* s'empare de la *Spine* et nous nous évadons vers un Kama Sutra léger, désinvolte, garçonnier, bien que légèrement risqué. Lorsqu'un objet rencontre un succès si partagé, c'est parce qu'il accepte toutes les interprétations, même les plus extravagantes. Sans imposer un seul point de vue, il les suggère, les propose. Loin de se nuire, les métaphores organiques, géométriques ou stylistiques se recoupent et se mêlent, et même, comme on le dit en astrologie, s'exaltent. La *Spine* est un siège œcuménique où tout le monde peut s'asseoir.

La *Spine* et la femme à la plume, vers 1987.

Double page suivante :
la *Spine* à l'exposition de la galerie Thèmes et Variations, Londres, 1986.
La *Spine* dans une maison dessinée par Starck.
La *Spine* chez André Dubreuil, Londres.
La *Spine* chez Élisabeth Delacarte, Paris.
La *Spine* chez André Dubreuil, Londres.

International

Dubreuil's name soon crossed the Channel and the Atlantic, even reaching as far as Japan. Just a few months after the Themes & Variations show, the artist exhibited at the Muriel Karasik Gallery on New York's Madison Avenue. At the end of the year he participated in a group show in Japan with Dan Friedman, Garouste and Bonetti, Olivier Gagnère and Gérard Dalmon. Pierre Staudenmeyer, who also participated in it, under the Neotu banner, reports, "I had heard of Dubreuil as a trompe-l'oeil artist. Tom was very rock-and-roll. Dubreuil was cultivated in a very erudite, secretive, stand-offish, somewhat snobbish way. He and I shared a fascination for certain literary figures like Virginia Woolf and Edith Sitwell, and were both drawn to a certain type of dandyism." In 1987, Staudenmeyer and Gérard Dalmon organised a group show around Dubreuil, with Tom Dixon, Jasper Morrison, John Webb with his poured-aluminium shapes, and Sue Golden with her Cubist-African sculpture furniture. To the critic Martine Silber they explained, "We chose them because they all exemplified something exuberant, baroque and eccentric. That's why we called the show 'English Eccentrics' (after Edith Sitwell's book) or 'the New Romanticism?' The thing that characterised them was the fact that they were all on the fringe and at the same time were constantly preoccupied with their social environment. They are literally eccentric: they position themselves on the edge of a centre that is perfectly familiar to them and which they do not reject."

It was at this point that Gladys Mougin appeared on the scene. Invited to Dubreuil's first London show, she responded enthusiastically to his work: "This new orientation of his took me completely by surprise and I began, as best I could, to cast around for ways to help him, to get his name known. When the Neotu show opened, I talked about it to my friends, took care of the press and, on the evening of the opening, I got it the front cover and four or five pages of a magazine called L'Atelier, edited by Thierry de Beaumont. After the opening, as nothing special had been organised, we all went to have dinner at the Brise-Miche behind the gallery."

The exhibition was a stroke of genius. "Romantics: the English Rubbish Artists," trumpeted the Paris newspaper *Libération*, heading an article by Pascaline Cuvelier, who wrote with her characteristic verve, "The five Englishmen's strength is that they don't torment themselves fretting about the function of the object (chair, armchair, table, screen, lamp, or pedestal table). The only thing that matters to them is the shape of the salvaged scrap, the emotion of the material, the piece of debris' resistance to the assemblage. They are aeons away from soppy 'design' with its post-whatever veiled allusions and purist grimaces at the doodlings of the decade. They're 'fin-de-siècle' and 'up-ended rubbish bin,' chic and expensive, as waspish as a slip of the tongue releasing an avalanche of tacky bric-a-brac."

The Neotu exhibition inspired Gladys Mougin to take a major turn in her career: "It gave me the idea of working in this way with artists." She kept up with Dubreuil's work and handled Tom Dixon for a decade. As an agent, she acquainted decorators like Yves Taralon with Dubreuil's work (Taralon was particularly taken with the *Spine Chair)* and got in touch with Elisabeth Delacarte, who had by then opened her boutique on the Place de l'Odéon, to whom she sold his pieces as quickly as he managed to produce them. In addition to Dubreuil and Tom Dixon, she also handled Christian Astuguevieille. All that remained was for her to organise a first solo show for Dubreuil in Paris.

She immediately thought of Yves Gastou who, on top of his activity as a dealer of twentieth-century antiques, had already presented such contemporary creators as Ettore Sottsass, Ron Arad and Gaetano Pesce in his gallery, which recalled Themes & Variations. Gastou went to London and he and Dubreuil met. The first press reviews of Dubreuil's work made up the dealer's mind. The exhibition was scheduled to open in May 1988. The invitation, jointly composed by Yves Gastou, his assistant Françoise and Gladys Mougin, announced: "*André Dubreuil, Classical Works, New Works.*" By the time the Paris show opened, Dubreuil was already a personage. His reputation had preceded him across the Channel. The interior decoration

Exposition de la galerie Neotu. *Libération*, 7 novembre 1987.

Carton d'invitation, exposition « English Eccentrics. Dixon, Dubreuil, Golden, Morrison, Webb », galerie Neotu, Paris, 1987.

International

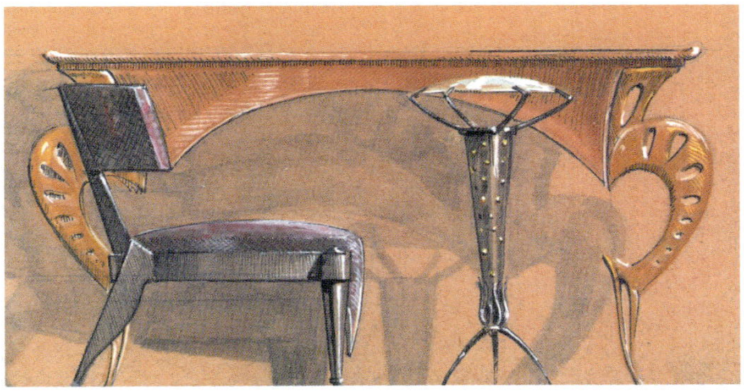

Très vite, la renommée de Dubreuil traverse l'Atlantique, le Channel et gagne le Japon. Quelques mois après Thèmes et Variations, il expose à New York sur Madison, chez Muriel Karasik. À la fin de l'année, il participe à une exposition collective au Japon avec Dan Friedman, Garouste et Bonetti, Olivier Gagnère et Gérard Dalmon. Pierre Staudenmeyer, qui participait à cette exposition pour Neotu, le découvre : « J'avais entendu parler de Dubreuil comme trompe-l'œilliste. Tom était très rock, Dubreuil d'une culture savante, secrète, farouche, un peu snob, je partageais avec lui un certain nombre de fascinations littéraires, comme Virginia Woolf, Edith Sitwell, et un certain dandysme ». En 1987, Staudenmeyer organise, avec Gérard Dalmon, une exposition collective à Paris qui rassemble, autour de Dubreuil, Tom Dixon, Jasper Morrison, mais aussi John Webb avec ses formes coulées dans l'aluminium, Sue Golden et ses meubles-sculptures cubisto-africanistes. Ils confient à la critique Martine Silber : « Nous les avons sélectionnés parce qu'ils présentent tous un certain débordement, un certain baroquisme, une excentricité. C'est pour cela que nous avons intitulé l'expo "English Eccentrics" – d'après le livre de nouvelles d'Edith Sitwell – ou "New Romanticism ?". Ce qui les caractérise, c'est d'être complètement en marge du banal et, en même temps, sans cesse travaillés par leur environnement social. Ils sont excentriques au sens propre : à partir d'un centre qu'ils connaissent bien et qu'ils ne refusent pas, ils se situent de façon excentrée. » C'est alors que Gladys Mougin prend les choses en main. Invitée par Dubreuil à sa première exposition londonienne, elle est enthousiaste. « Je ne m'attendais absolument pas à ce tournant chez lui et j'ai cherché, tout d'abord comme j'ai pu, un peu par hasard, comment l'aider, le faire connaître. Pour l'exposition chez Neotu, j'avais fait signe à mes amis, je m'étais occupée des journalistes et le jour du vernissage, j'avais la couverture et quatre ou cinq pages d'une revue de l'époque, *L'Atelier*, dont le rédacteur était Thierry de Beaumont. Le soir, comme rien de spécial n'avait été organisé, nous sommes allés dîner tous ensemble derrière la galerie, au Brise-Miche. » L'exposition est un coup de maître. « Romantiques, les poubellistes anglais », titre *Libération* qui donne libre cours à la verve de Pascaline Cuvelier : « La force des cinq Anglais est de ne pas se tourmenter avec la fonction (chaise, fauteuil, table, paravent, lampe ou console), seules comptent la forme du déchet, l'émotion du matériau, la résistance du débris à supporter l'assemblage. On est loin du "design" gnan-gnan, avec clin d'œil post-chose, ou rictus puriste en réaction aux zigouisgouis de la décennie. On est "fin-de-siècle" et "poubelle renversée", chic et cher, chatouilleux comme un lapsus qui déclenche un bric-à-brac de loge de concierge. »

L'aventure de l'exposition Neotu laisse entrevoir à Gladys Mougin la possibilité d'un tournant professionnel : « J'ai eu l'idée de ce type de travail avec des artistes. » Elle suit André et s'occupera également de Tom Dixon pendant dix ans et aussi de Christian Astuguevieille. Un travail d'agent qui la conduit à faire connaître Dubreuil à des décorateurs comme Yves Taralon, séduit par la chaise *Spine*. Elle prend contact avec Élisabeth Delacarte, déjà installée place de l'Odéon, à qui elle vend des pièces au rythme de leur production. Restait à organiser une première exposition de Dubreuil à Paris. Gladys Mougin pense à Yves Gastou qui, outre son activité d'antiquaire du XXe siècle, a déjà présenté des créateurs contemporains comme Ettore Sottsass, Ron Arad, Gaetano Pesce. Un peu le même type de galerie que Thèmes et Variations. Gastou se rend à Londres pour rencontrer Dubreuil. Les premières publications finissent par le convaincre, et l'exposition est programmée pour mai 1988. Le carton d'invitation, rédigé conjointement par Françoise,

Ci-dessus : carton d'invitation, exposition André Dubreuil, galerie Yves Gastou, Paris, 1988.
Ci-dessous : carton d'invitation, exposition André Dubreuil, Mark Brazier Jones, Tom Dixon, galerie Théorèmes, Bruxelles, 1989.

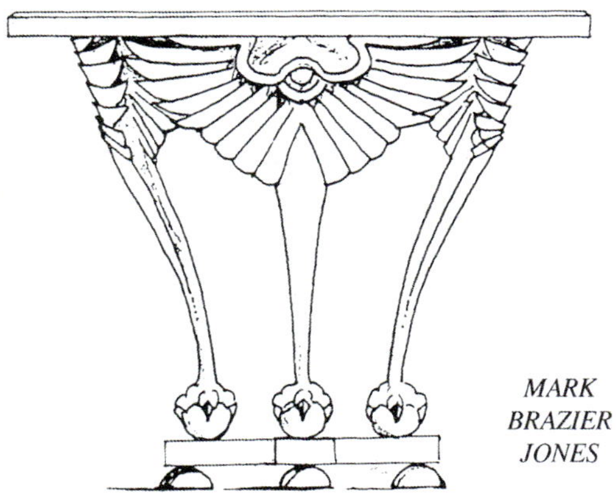

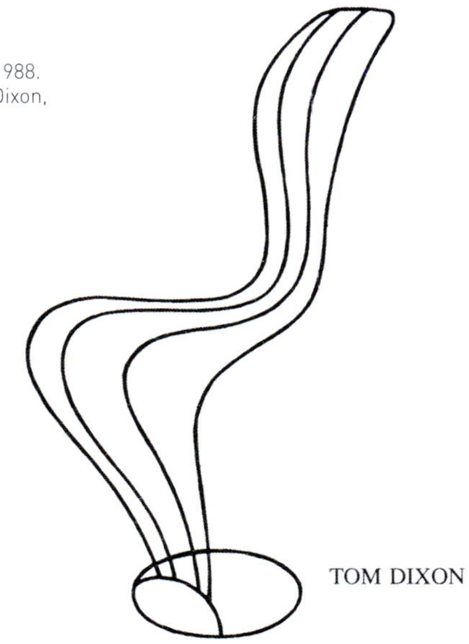

magazines informed their readers about the exhibition and they flocked to the gallery on the Rue Bonaparte on the heels of Gastou's regular clients. Dubreuil's production on show exemplified a remarkable diversity and a reaching out towards volume and archetypes.

Towards Volume

Dubreuil quickly moved beyond thinking in terms of lines, calligraphy and reverie. Certain details of his early work already hint at the artist's thirst for surfaces and volumes. Gone were the days of sketchy, gestural works. Dubreuil now began experimenting with more closed and solid forms. Two examples of this are a standard lamp [cat. n° 15], the shaft of which consisted of a hammered copper cone, and a console table [cat. n° 14] assembled from found objects yet with a more substantial structure than his previous furniture. "I had found this large piece of glass at a lens grinder's. I gave the reinforcing bar more volume by partially covering it with plaster over small copper rectangles which I'd dipped for a few days in a mixture of salt and vinegar to give them a patina. I then added a piece of convex glass on the back of which I painted a trompe l'oeil. In short, it was cobbled together, but it showed that I wanted to do things with trompe l'oeil." This was the first appearance of a new medium: the copper sheet. Too flexible to stand by itself, it was ideal for applying, once welded or, to be exact, brazed, on a steel or iron structure.

Dubreuil still recalls the first piece of furniture [cat. n° 26] he made in this new spirit, a cabinet he has kept for himself, the first of a series that was to take on increasing importance in his output. "I remember it being a real struggle. I wrestled with it. I was brazing the copper with a blowtorch, using a brass rod, and the copper wouldn't cool at the same rate as the steel structure. So there were distortions which I had to take account of. . . ." The same problem dogged Dubreuil's second, more accomplished experiment in the new medium, which was presented in his first one-man show in Paris: another cupboard, this time with rounded outlines [cat. n° 28]. "This was really the first appearance of full forms in my work. The spiral legs were still very much akin to my first pieces of furniture, but here they took the place of turned legs on the outside of the main structure, à la Weisweiller. I found the result too rounded and I did this kind of egg to compensate for the weakness." Karl Lagerfeld bought the cupboard at the Gastou gallery along with a guéridon, a mirror and a pair of sconce lamps. The ensemble was installed in the couturier's turn-of-the-century villa overlooking the Monaco Club and has since been moved to his town house in Berlin. "It's the *in* thing right now," declared Lagerfeld to *House & Garden*, "a cross between baroque and *Conan-le-Barbare* style sci-fi."

A second material eased the transition to full shapes and volumes: the steel sheet. As naturally pliable as paper, steel

André Dubreuil et son premier meuble plein, 1988 [cat. n° 26].

Yves Gastou et Gladys Mougin, annonce « André Dubreuil, œuvres classiques, œuvres nouvelles ». Dubreuil, pour sa première exposition en France, est déjà un personnage, sa brève carrière l'a précédé, la presse de décoration avertit ses lecteurs qui succèdent rue Bonaparte aux clients habituels de l'antiquaire. Sa production est exemplaire d'une diversité et d'un travail vers le volume et vers le type.

Vers le volume

Dubreuil n'en n'est pas resté à la ligne, à la calligraphie, à la rêverie. Certains détails de la première production laissent déjà soupçonner un besoin de surface, voire un besoin de volume. Après le croquis, le geste, l'expérimentation d'un objet plus fermé, plus ferme. Premier exemple, le lampadaire dont le fût est formé d'un cornet de cuivre bosselé [cat. n° 15], ou encore cette console [cat. n° 14] faite à partir d'objets trouvés, mais dont la structure prend de l'épaisseur : « J'avais trouvé ce grand bout de verre chez le fabriquant de lentilles, j'ai mis des bandes plâtrées autour du fer à béton et, derrière, du cuivre que j'avais découpé, que j'avais laissé plusieurs jours avec du sel et du vinaigre pour le patiner, enfin un verre bombé que j'avais peint en trompe l'œil par-derrière, bref c'était du bricolage, mais ça montrait que j'avais envie de faire des choses en trompe l'œil. » Apparaît un nouveau médium, la plaque de cuivre. Trop faible, trop souple pour tenir toute seule, elle est en revanche idéale pour être appliquée, soudée, en terme de métier « brasée », sur une structure en acier ou en fer. Or les premiers meubles ne sont-ils pas déjà comme des structures nues ?

Dubreuil se souvient encore du premier meuble [cat. n° 26] réalisé dans cet esprit, une armoire qu'il a conservée chez lui, comme un premier essai d'une série qui allait prendre de l'importance dans sa production. « C'est le souvenir d'une vraie bataille, je me suis battu car en brasant le cuivre au chalumeau avec une barre de laiton, le cuivre ne refroidissait pas en même temps que l'acier de la structure. Il fallait donc jouer avec ces déformations... » Dubreuil en joue encore lors d'une deuxième tentative plus aboutie, présentée lors de sa première exposition à Paris : une commode galbée [cat. n° 28]. « C'est vraiment l'apparition du plein. Les pieds spiralés sont encore très proches de mes premiers meubles, mais ils prennent la place ici de pieds tournés à la Weisweiller à l'extérieur de la carcasse. Je trouvais le résultat trop galbé et j'ai compensé ce défaut par cette sorte d'œuf. » Elle est achetée par Karl Lagerfeld à la galerie Gastou en même temps qu'une console, un miroir et deux appliques, un ensemble qui alors trouve place dans la villa 1900 que le couturier vient de restaurer à Monaco sur le rocher qui surplombe le Beach et qui est aujourd'hui dans son hôtel à Berlin. « C'est la chose du moment, affirme le couturier à *House & Garden*, quelque chose entre le baroque et la science-fiction à la Conan. » Deuxième matériau qui va permettre ce passage au plein, au volume : la tôle d'acier. Souple naturellement comme le papier, elle se rigidifie lorsqu'elle est pliée. Un principe bien connu des amateurs de cocottes et d'origami. Une bonne soudure verrouille le volume. Pour réaliser cette opération plus subtile, Dubreuil achète un Tig, appareil à souder plus sophistiqué. Entreprise délicate, pour masquer encore des irrégularités, Dubreuil termine en ponctuant la surface de petits points de chauffe qui oxydent et colorent la tôle. Effet de moucheture tout à fait inattendu qu'il va exploiter jusqu'à aujourd'hui dans une gamme qu'il appellera *Paris*, puisque cette chaise [cat. n° 38] était destinée à son exposition parisienne.

Carton d'invitation, exposition « André Dubreuil, Current Works », galerie Muriel Karasik, New York, 1986.

Commode galbée, 1987 [cat. n° 28].

La chaise *Paris* chez André Dubreuil à Mareuil, 1988 (cat. n° 38).

Double page suivante :
meuble à argenterie *Wagon*, 1994 (cat. n° 113).

becomes rigid when it is bent, a principle long known to origami fans. With the help of good welding equipment, volumes are easily created from steel. To allow him to carry out this subtler level of work, Dubreuil bought a more sophisticated Tig welder. He disguised the irregularities produced by welding, finishing the sheet with small heat marks that oxidised and coloured it. He has carried on using this leopard-spot effect right up to today in a series dubbed *Paris* (the chair [cat. n° 38] on which he first used it was designed for his Paris show).

Fabled Monsters

The *Paris* family also includes a two-metre wide commode (the "big sister" of Dubreuil's corner cupboard) and a large mirror to hang above it [cat. n°s 45, 47]. "I tormented the metal like a piece of pig hide, brazing and pounding it without any particular design in mind. I began by making the inner frame, then I did a more ornamental outer frame. It had an undeniably barbaric side to it."

Other items of Dubreuil furniture owe their vaguely animal look to the formal strangeness caused by the sheer difficulty of working in a new medium – wrought iron. "I had a fairly rudimentary gas forge in London in those days," explains the artist, who produced one of his strangest tables with it. The table looks as if it were being shaken by a convulsive tremor, as though it were simultaneously contracting and expanding in a two-fold spiral motion that strains and twists it, exhibiting curious folded integuments resembling pods, plates of hammered copper which contrast sharply with the matt black iron. The handsome Pascal Gregory posed fearlessly on top of this furniture freak in a picture for *Maison Française*, in a setting the magazine described as "bohemian chic and baroque shock."

In spite of being tamed by the artist's formal bent, such monsters seem to take advantage of every weakness in the material to reassert their presence and provide a minor diversion. Dubreuil's laboriously produced "black sheep" have been fought over by a handful of collectors. One example is a primitivistic, vaguely Art Nègre mirror of 1989 [cat. n° 53] bristling with wrought-iron spikes sharpened with an angle-grinder. In lieu of twin frames, the mirror's sides sport large oval copper medallions worked with an awl to accentuate their primitive appearance. Even more curious are two console tables with wrought-iron bases, made in 1990 [cat. n° 69]. They look as if they are writhing in a debauchery of shapes, as though they had just torn themselves away from their creator's hands. Iron bars that swayed previously like seaweed to the ebb and flow of waves now look as if they had ripped loose from their moorings to throw themselves into a frenetic dance. After the hysterical table, we now have killer consoles. "I made them for customers who no longer wanted any Louis XVI stuff," says Dubreuil. However, they got more than they had bargained for and were baffled by the formal anarchy of these somewhat "over-the-top baroque pieces. The sharp points worried them. With children around the place, you never knew what might happen." The consoles subsequently found a home with a less nervous collector.

The most remarkable of these "monsters" is a hefty, totally asymmetrical console table from 1995 [cat. n° 126]. Made from copper sheeting, it stands rather awkwardly on spindly legs. "Making it was hell. The legs gave me a lot of trouble. The welded copper block was very thick, but I couldn't get the shape right. I made a model in paper to try and get a better grasp of it. I started out with the volume as a kind of carapace. Perhaps it really needs to be hung on a wall. We called it *La Mongole*." Dubreuil devised a geometrical-looking "belt," a sort of corset, to contain its massive bulk. "I had to find a way of

André Dubreuil, dessin.

Console, détail, 2002 [cat. n° 236].

Tératologie

Dans la même famille, une commode de 2 mètres d'envergure, la grande sœur de l'encoignure, ainsi qu'un grand miroir conçu pour la surmonter [cat. n°s 45, 47] : « Comme une peau de cochon écorché, je brasais et je retapais sans schéma préalable, j'ai d'abord fait le cadre intérieur et ensuite un second cadre plus ornemental, il y avait là un côté barbare indéniable. »
D'autres meubles doivent ces rapprochements animaliers à leur étrangeté formelle. Étrangeté née des difficultés d'une nouvelle technique : le fer forgé, « à Londres, j'avais une forge à gaz assez rudimentaire ». Ainsi cette table saisie par un tremblement convulsif, se rétractant et se dilatant à la fois dans un double mouvement spiralé qui la tord et la crispe, montrant d'étranges téguments plissés comme des cosses, plaques de cuivre bossuées qui contrastent avec la noire matité du fer. *Freak* du meuble sur lequel n'a pas craint de poser pour *La Maison française* le beau Pascal Gregory, dans une ambiance que le magazine décrit « bohème chic et choc baroque ».

Savamment contenus par la volonté formelle de l'artiste, les monstres profitent de chaque faiblesse pour réapparaître et proposer une petite récréation. Accouchements laborieux de moutons noirs qu'un certain nombre d'amateurs de Dubreuil se disputent. Ainsi ce miroir primitiviste de 1989 [cat. n° 53], un rien art nègre, hérissé de pointes forgées et meulées présentant en guise de cadres de grands médaillons ovales en cuivre travaillés au pointeau pour accentuer leur aspect primitif. Plus singulières encore ces deux consoles de 1990 [cat. n° 69] aux piètements de fer forgé, saisies par la débauche formelle. On a l'impression qu'elles viennent de s'arracher des mains de leur créateur. Les barres effilées, qui se mouvaient comme des algues au rythme du flux et du reflux, ont rompu les amarres et amorcent une danse frénétique et furieuse. Après la table hystérique, les consoles tueuses. « Elles avaient été réalisées pour des clients qui ne voulaient plus de Louis XVI », ils ont été servis, mais décontenancés par cette anarchie formelle : « Un peu trop baroque, les pointes faisaient peur, et puis avec les enfants, on ne sait jamais. » Elles ont trouvé par la suite un amateur à l'épiderme moins chatouilleux.

Remarquable surtout une commode en tôle de cuivre de 1994 [cat. n° 126], complètement asymétrique, forte en chair, se mouvant gauchement sur ses pieds malingres : « Son accouchement a été très douloureux, j'ai eu beaucoup de mal pour les pieds, le bloc de cuivre soudé était certes très épais, mais formellement je n'arrivais pas à trouver, j'ai fait un gabarit en papier pour essayer de mieux comprendre. Je suis parti du volume comme d'une sorte de carapace. Peut-être faudrait-il l'accrocher au mur finalement ? Nous l'avons appelée la *Mongole*. » Pour mieux contenir ce corps énorme qui risquait de se dérober, Dubreuil conçoit une ceinture plus géométrique qui la tient comme une gaine. « Il fallait tenir cette forme

Le miroir primitiviste et la commode chez Karl lagerfeld, 1987 [cat. n° 28], *Elle décoration*, 1989.

André Dubreuil avec le miroir et la commode, 1988 [cat. n°s 47, 45].

Pascal Gregory pose sur une table de Dubreuil [cat. n° 35], *La Maison française*, 1988.

Commode *Mongole*, 1994 (cat. n° 126).

keeping its asymmetrical shape in check, somewhat like what the English do with their Rococo furniture. It had to be placed securely in a square to keep it from wandering off in every direction." The mutinous console table finally found a home in Paris' aristocratic Faubourg Saint-Germain.

Dubreuil has a lingering fondness for his more wayward creations. "Making simple things is so boring. At bottom, I'm a terrible egoist. I like complicating for the sheer pleasure of it. Totally simple, plain, black pieces of furniture don't amuse me, whereas complicated pieces challenge me. They force me to come up with solutions. I'm moved by their bastard aspect."

Archetypes

In the ongoing struggle to create forms, archetypes play a moderating role. They keep the artist from going overboard. They present solutions – sometimes conscious, often unwitting – tested and improved by generations of skilled craftsmen. Cabinets, chauffeuse chairs, wing chairs, console tables, guéridons, cabriolet chairs, flat-top and dos d'âne desks, Voltaire, crapaud and marquise chairs: these nostalgic, frequently erroneous terms, which auctioneers and antique dealers love to flourish, evoke a special little universe at once familiar and prestigious. Their standardised, simplified, canonical forms still haunt the minds of modern designers, witness Alessandro Mendini's *Proust Chair*, Roberto Venturi's "Biedermeier" and "Chippendale" chairs and, recently, Philip Starck's *Louis Ghost*, a transparent Louis-XVI "medallion" armchair. Familiar with such forms since his teens, Dubreuil has studied them thoroughly and briefly made a living dealing in them. He knows their manufacture, history, genealogy and cross-influences through and through. They inspire neither nostalgia nor repulsion in him. He feels no need to copy them, or to banish them. They are simply a familiar part of his cultural background. They appear (or do not appear) in the course of his work. On occasion, but not always, they thrust their presence on him, engendering a new succession of furniture. Of the pieces in the first-generation of Dubreuil's reinforcing-bar creations, it was the *Spine Chair*, not the vaguely Louis-XVI crapaud chair, that made a lasting mark.

Classic forms often appear as the artist is working on one of his pieces: at first unrecognisable, they emerge as rhythmic ideas. Even before a single line is defined, an isolated movement becomes visible. The artist then begins to link curves, and from this joining, gentler, more civilised shapes are engendered. It is at this point that the archetype comes into its own as a moderating influence. These initial agglomerations soon give rise to Dubreuil's favourite types: flat-top desks, commodes, cupboards, console tables, pieces that, notwithstanding the sheer toil and uncertainty of their gestation, recall whole swathes of furnishing history.

Bureau, détail, 1997 (cat. n° 140).

asymétrique, un peu comme les Anglais font avec leur rococo, il fallait toujours qu'il soit bien cadré dans un carré pour éviter que ça s'échappe. » Rageur, mauvais joueur, finalement résigné, le meuble a trouvé gîte dans un appartement du faubourg Saint-Germain. Dubreuil a une affection particulière pour ses rejetons difficiles : « C'est tellement ennuyeux de faire des choses simples, au fond, je suis très égoïste, j'aime compliquer pour le plaisir, un meuble tout bête, tout noir, tout simple, ça ne m'amuse pas, alors que ces meubles compliqués me provoquent, me forcent à trouver des solutions, ils ont un côté bâtard qui m'attendrit. »

Les archétypes

Dans ce combat pour la forme, les archétypes jouent le rôle de modérateur, de garde-fou. Ils offrent, parfois en toute lucidité, souvent inconsciemment, des solutions éprouvées et améliorées par des générations de bons faiseurs et utilisées par d'autres générations. Cabinets, chauffeuses, bergères, consoles, guéridons, cabriolets, bureaux plats ou « à dos-d'âne », fauteuils voltaire, crapauds, marquises, ces appellations nostalgiques et souvent fautives dont se flattent antiquaires et maisons de vente évoquent tout un petit monde prestigieux et familier. Leurs formes, standardisées, simplifiées, canonisées, hantent encore la conscience moderne, comme l'ont montré hier Alessandro Mendini avec son fauteuil *Proust*, Roberto Venturi avec ses chaises Biedermeir, Chippendale, et récemment Philippe Starck avec son *Louis Ghost*, un fauteuil médaillon Louis XVI transparent. Ces formes, Dubreuil les connaît depuis qu'il feuilletait adolescent, les pages encyclopédies de *Connaissance*. Il les a étudiées et en a fait commerce. Il sait tout de leur construction, de leur histoire, de leurs

The Flat-Top Desk

The genesis of Dubreuil's flat-top desks goes back to his reinforcing bar period. This distinctive type of writing table, perfected by a handful of cabinetmakers – among them Boulle – at the beginning of the eighteenth century, is characterised by a felicitous integration of horizontal lines (the top and the drawers) and vertical ones (the legs). Boulle devised the solution of a decorative rhythm linking the feet, derived from the lions and other one-footed beasts of earlier styles, to the body of the desk at the level of the lower drawer.

Dubreuil sketched out his own notion of a flat-topped desk (called *Le Clos* or *The Enclosure*) in one of his few drawings produced for Steven Calloway at the Victoria & Albert Museum. The twin-drawer desk is poised on patinated bronze comma-like legs. Another small burnished bronze volute on the drawers echoes the sweep of the legs. Though this is a purely hypothetical design on paper, impossible to realise, it has the advantage of confronting the structural issue of how to combine the vertical legs and the horizontal desktop.

With an actual exemplar (cat. n° 19) fashioned a few months later (January 1987) from reinforcing bars, Dubreuil breathed new life into this rhythmical decorative solution, basing the desk's overall structure on it. To give it more volume he used parallel bars to connect the sides.

Before tackling the problem of designing a flat-top desk, Boulle had joined to a chest his antique monopode leg (a chimaera of his own design), producing a sort of bastard proto-commode of crude and unsophisticated proportions. A few years later, he made another flat-top desk, this time with more harmoniously integrated legs, thus spawning a furniture type that attained maturity in the 1750s. Characteristically, this achievement was marked by an ever more seamless integration of the desk's vertical and horizontal elements. Charles Cressent provided the chimaera legs with attractive "espagnolette" heads. Then other furniture-makers did away with the heads entirely and replaced them with small concavities adorned with a flower. And the desk's silhouette was simplified yet more. The ornamental line was eliminated and a fluid arabesque replaced the emphatic projections of the initial style.

Like Boulle and his proto-commode, Dubreuil began by joining a headless monopode to the body (cat. n° 56). The legs of his first flat-top desk were cast in bronze and the top was upholstered in leather, the contrasting materials reinforced the contrasting shapes. However, the legs no longer had the massive appearance of the artist's guéridon legs: their upper and lower sections were hollowed out and tapered into a pointed foot. A drawing after the finished desk was reproduced on the invitation to the opening of the show at the Gastou gallery. In a subsequent model the legs were gilded, as was the desk's central compartment.

Dubreuil's third and last flat-top desk (cat. n° 73, January 1990) – his most accomplished – is marked by a greater unity (both the legs and the body are gilded) and fluidity, underlined by a steel bar. And yet, the tones of patina, the engraved pattern on the gilt-bronze legs and the presence of enamel all add to the rhythm and temperament of this contemporary incarnation of the classical *bureau plat*. The lengthy development of this masterwork is characteristic of Dubreuil's work, with its initial fashioning of basic elements, its quest for a solution to a complex structural problem, its refining of the overall shape of the piece and, last but not least, its attention to the treatment of the surface.

Bureau, détail, 1990 (cat. n° 73)

André Dubreuil, dessin d'un bureau, 1986.
Victoria & Albert Museum, Londres.

André Charles Boulle, bureau plat, vers 1720.
Marqueterie d'écaille, d'ébène et de cuivre, décor de bronze doré.
Musée du Louvre, Paris.

croisements, de leurs généalogies. Il n'éprouve à leur égard ni nostalgie ni dégoût, il n'éprouve le besoin ni de les copier ni de les bannir, elles sont là, évidentes. Elles apparaissent, ou non, en cours de travail, peuvent parfois s'imposer, créer de nouvelles lignées dans la famille Dubreuil, mais pas toujours. Dans la première génération de pièces en barre de fer, c'est la *Spine*, et non le fauteuil crapaud vaguement Louis XV, qui s'est imposée. Souvent ces formes classiques viennent se greffer sur une œuvre en chantier, elles apparaissent, alors encore méconnaissables, comme une proposition rythmique. Avant même qu'une ligne soit lisible, c'est un mouvement qui se propose, isolé, puis les courbes se joignent et d'un premier choc naissent des formes plus aimables, plus civilisées. C'est ici que l'archétype joue son rôle modérateur et des premiers agrégats naissent les types privilégiés par l'artiste : bureaux plats, mais aussi commodes, armoires, consoles, meubles renouant avec une histoire, mais dont la gestation se fait, dans un premier temps, en tâtonnant, au rythme du travail.

Le bureau plat

La genèse des bureaux plats peut se suivre dès l'époque « barre ». Cette forme très particulière de table à écrire, mise au point par quelques ébénistes, dont Boulle, au début du XVIIIe siècle, consiste à intégrer l'horizontale de la ceinture et ses tiroirs à la verticale des pieds. La solution proposée par Boulle est un rythme ornemental qui relie le pied, héritier des lions et autres chimères « monopodes » au compartiment du premier tiroir.

Dans un rare dessin, réalisé à la demande de Stephen Calloway pour le Victoria & Albert Museum, Dubreuil donne son idée du bureau plat, intitulé *Le Clos*. Le bureau lui-même, à deux tiroirs, est tenu en équilibre par des pieds en bronze patiné, comme deux grandes virgules, un autre petit bronze perlé sur le tiroir répond d'une volute au mouvement du pied. Dessin tout théorique, impossible tel quel, mais qui a l'avantage de cerner le problème constructif : comment relier les pieds verticaux au plateau horizontal ?

Dans un modèle [cat. n° 19] réalisé quelques mois plus tard (en janvier 1987) en barre de métal, Dubreuil redonne vie à ce rythme ornemental qu'il unifie et en fait la structure générale de son meuble : il relie par des barres parallèles les deux côtés pour lui donner du volume.

Boulle, avant de s'attaquer au problème du bureau plat, avait accolé son « monopode » antique (il le reprend sous forme d'une chimère qu'il modèle lui-même) à un coffre, générant une sorte de proto-commode, bâtard à la structure naïve et heurtée. Dans son bureau plat, quelques années plus tard, le pied est plus intégré donnant naissance à un type de meuble qui s'épanouit dans les années mille sept cent cinquante. Caractéristique, cet accomplissement se manifeste par une intégration du rythme ornemental (du pied au tiroir), toujours plus uni. Cressent donne aux chimères ces jolies têtes d'« espagnolettes », puis elles sont décapitées, faisant place chez d'autres ébénistes à des creux ornés d'une fleur. Le profil général se simplifie encore, la ligne ornementale se gomme, tout ressaut brutal est finalement éliminé au profit d'une arabesque fluide.

Comme Boulle dans sa proto-commode, Dubreuil va, dans un premier temps, coller son « monopode » décapité à la carcasse du bureau [cat. n° 56]. Les quatre pieds sont réalisés en fonte, la ceinture est gainée de cuir, le contraste des matières renforce le contraste formel. Les pieds en revanche n'ont plus la massivité du guéridon, ils sont évidés dans la « poitrine » et également dans le « jarret » qui se termine en pied pointu. L'ensemble est reproduit, dessin réalisé d'après le modèle fini, pour le carton de l'exposition Gastou. Dans un second modèle, les pieds sont dorés ainsi que le compartiment central du bureau.

Le dernier modèle de bureau plat [janvier 1990, cat. n° 73], le plus abouti, acquiert une certaine unité (une seule couleur d'ensemble, la dorure pour pieds et la carcasse), fluidité que souligne une ligne d'acier. Mais le jeu des patines, de motifs de gravure (les pieds sont en bronze gravé et doré), l'apparition de l'émail ajoutent du rythme et du tempérament à cet avatar contemporain du bureau plat. Cette longue gestation est exemplaire du travail de Dubreuil : mise en place des éléments de base, recherche d'une solution constructive, affinement de la forme, ultime travail de la surface.

Bureau, 1989 [cat. n° 56].

The Commode

The commode had a more complex origin. "Monsters" succeeded more harmonious creations before Dubreuil managed to stabilise the type. The first low piece of furniture of this kind was an attempt to mount a copper surface on one of the artist's early fretwork armatures – a somewhat unsophisticated "collage" on an uneven surface. This was followed by the corner cupboard with its massive volume distracting the eye in a veritable tour de force from the artist's as yet uncertain attempt at welding and brazing on copper. Next came its "big sister," a two-metre wide, six-drawer commode that seemed to proclaim the monstrous nature of a form at the apex of its development. Taking a new look at his work, Dubreuil switched to a new medium and used steel sheeting (which he had just experimented with on a large Paris desk, cat. n° 63) to create a simpler armature on which to mount a lacquer panel [cat. n° 64]. The voluminous legs of the *Paris* chair are felicitously wedded to the body of the commode, echoing the silhouette of the traditional "espagnolette" leg. For the flat central door the artist was inspired to rework the type of transition commode pioneered by Jean-François Oeben and later adopted by Martin Carlin and Adam Weisweiller.

Reverting to copper, Dubreuil produced *La Mongole*, that splendid solecism, followed by a thoroughly baroque creation fashioned after a particularly striking asymmetrical antique marble slab. The emphatic outline of the lower part of the cabinet, the eye-catching central motif and the curve of the body are responsible for its unique character and explain its success when it was presented at the Gastou gallery. As a result, the demand for exemplars of the commode rose sharply. Dubreuil strove to give the model greater elegance by concealing the drawers behind the fretwork design of the engraved motif. He drew closer to the models of Jacques Dubois, but "on a sturdier, more solid scale." By giving the commode a partially Art Nouveau, somewhat Japanese, motif of seaweed and nautilus shells studded with nineteenth-century-type agate cabochons, he rescued it from any lingering eighteenth-century preciousness. Collectors loved this "transition." "It's an overly classical model I could make with my eyes shut," deplores Dubreuil, who promptly chose to shun clichés by seeking refuge in such formal heresies as Japanese-style motifs, naturalistic details and a huge patinated copper band to underline the marble top's thick profile. He even experimented with a severe Louis XVI look and resurrected the twisted legs derived from his reinforcing bar days. In the end, he attempted, on two different occasions, to start afresh, producing a couple of extravagant works that eventually enriched his collection of unique pieces: a commode with a sort of naïf origami look and another commode that might have figured in a mediaeval comic strip.

La commode

La genèse des commodes s'avère plus complexe. Les monstres succédant aux réalisations plus intégrées avant que le type se stabilise. Le premier meuble bas de ce genre tente d'accrocher à un des premiers bâtis en résille la surface de cuivre, collage un peu naïf sur une surface irrégulière. Suit l'encoignure dont la carrure de géante fait oublier, véritable tour de force, les essais encore incertains de soudure et de brasure du cuivre. À sa suite, la « grande sœur » aux six tiroirs qui affirme, avec ses 2 mètres, la monstruosité d'une forme au terme de son évolution. Remettant les choses à plat, Dubreuil change de technique et a recours à la tôle d'acier (qu'il vient d'expérimenter pour un grand bureau *Paris*, cat. n° 63), afin de créer un bâti plus simple pour « monter » un panneau de laque qu'on lui a confié (cat. n° 64). Les pieds en volume de la chaise *Paris* s'insèrent bien dans le volume du meuble en retrouvant même le profil du pied traditionnel « à espagnolettes ». La porte centrale plate incite l'artiste à reprendre le type de la commode transition, un genre initié par Oeben et repris par Carlin et Weisweiller. Un retour au cuivre est l'occasion d'un superbe dérapage hors normes (la *Mongole*, cat. n° 126), avant une réalisation toute baroque, créée à partir d'un très beau marbre ancien asymétrique. La découpe inférieure très accentuée, l'important motif central et le galbe du plan lui donnent un caractère qui fait son succès lors de sa présentation dans la galerie. Dès lors, la demande s'accélère : Dubreuil tente de donner plus d'élégance à son meuble en cachant les tiroirs sous le dessin en grille du motif de gravure. Il se rapproche des modèles de Dubois, mais « en plus costaud, plus solide ». Un motif japonisant, un peu Art nouveau avec algues et nautiles, des cabochons en agate, un peu XIXe, enlèvent à ce meuble toute mignardise XVIIIe. Ce type « transition » plaît beaucoup, presque trop. Tout le monde y trouve son compte. « C'est un modèle trop classique que je pourrais faire les yeux fermés », dit Dubreuil qui multiplie les hérésies formelles pour échapper au poncif : motifs japonisants et détails naturalistes, énorme ceinture en cuivre patiné qui souligne le profil épais du marbre. Il essaye même une virée vers un Louis XVI plus strict, reprend pour l'occasion ses pieds torsadés hérités des barres de métal des débuts. Pour s'en sortir, il tente à deux reprises de reprendre les choses à zéro. S'ensuivent deux créations extravagantes qui viennent enrichir sa collection d'*unica*. Une commode naïve comme un origami et une autre qui semble sortie d'une bande dessinée médiévale.

Double page précédente :
commode violette, 2004 (cat. n° 251).

Page de gauche :
André Dubreuil, dessin d'une commode.

Commode, détail, 1999 (cat. n° 171).

Ci-contre :
commode *Tournoi*, détail, 2004 (cat. n° 266).

Double page suivante :
commode détail, 2005 (cat. n° 269).
Commode, détail, 1988 (cat. n° 45).
Commode, détail, 2004 (cat. n° 255).
Commode *Coquillages*, détail, 1994 (cat. n° 119).
Commode *Tournoi*, détail, 2004 (cat. n° 266).

The Armoire

With Dubreuil's armoire, a "premodernist rather than prehistoric" monster steps out of the closet. A substitute for the wedding chests of yesteryear, with their neatly stacked linen redolent of lavender, the "country Louis XV" armoire or wardrobe, which gave master bedrooms of the past an air of distinction, were replaced by more modern "storage closets" in the twentieth century. Only a few hardy furniture designers in the Sixties, like Ettore Sottsass, dared to breathe new life into the armoire by transforming it into a sort of tower in the middle of a domestic interior.

Dubreuil harks back instead to the collector's cabinet, specifically the Boulle armoire, adopting its black-and-gold colour scheme to create a monumental repository for one's most precious possessions, one's dreams. If the closet can be regarded as a prison, a space to which things are banished, the cupboard is a haven, a realm of fancy, and its presence in a room is like an iconostasis, a window on the otherworld. Dubreuil stresses this enigmatic aspect by either disguising or, on the contrary, emphasising the mysterious devices that control its tall doors. On occasion he adds secret compartments that spring open at the touch of a finger. His models waver between reminiscences of Louis XV armoires, especially the BVRB armoire of the former Carven collection sheathed in panels of red lacquer – the greatest of them, in his eyes – and the Japanese-style or neo-classical chest clad in sturdy fretwork. Alternately restrained or exuberant, sporting fluid or strongly emphatic curves, the lustrous bronze fronts of his armoires sparkle under the light animating their engraved and patinated copper compartments. Given prominence, they may take on an architectural role, like Spanish leather screens, defining an axis of symmetry for example, or providing the final touch in a room's furnishings [cat. n° 136].

In the artist's "chest" series, the *X* armoire [cat. n° 147] deserves a special mention. Usually concealed behind a copper carapace, the iron armature is instead revealed here and the "caisson" panels mounted on it seem to float in mid-air. The fact that there is no visible access to it accentuates its secretive, almost threatening appearance. With its circular eyes staring out from a background of pale-blue enamel, it looks quite fearsome.

L'armoire

Avec l'armoire, un monstre « prémoderniste plus que préhistorique » sort littéralement du placard. Succédané des coffres de mariage, emplie de piles de linges qui sentent bon la lavande, refuge de l'épargne prudente qui y enfouit ses gros billets, l'armoire Louis XV rustique, qui donnait à la chambre conjugale son aura de respectabilité, est détrônée au cours du XXe siècle au profit des rangements. Seuls des insolents comme Ettore Sottsass lui redonnent vie dans les années soixante en l'érigeant comme des tours au milieu de l'espace domestique. Dubreuil préfère se référer à l'armoire du collectionneur et avant tout à l'armoire Boulle à laquelle il empruntera sa bichromie or et noir. Armoire monumentale qui contient le plus cher de nos trésors : le rêve. Si le placard est un exil, une prison, l'armoire est un refuge, celui de l'imaginaire, et sa présence dans une pièce ouvre l'espace, comme une iconostase, vers un au-delà. Dubreuil accentue cet aspect de mystère en camouflant, ou au contraire en mettant en évidence, d'énigmatiques leviers qui libèrent les grands vantaux. Il ajoute parfois dans les hauteurs, ou dans l'axe, quelques compartiments secrets qui s'ouvrent soudainement du bout des doigts. La typologie hésite entre les souvenirs de l'armoire Louis XV, dont le chef-d'œuvre, à ses yeux, est celle de BVRB de l'ancienne collection Carven, revêtue de ses panneaux de laque rouge et le coffre bardé de solides grilles, japonisant ou néoclassique. Tour à tour discrètes, aux galbes fluides, ou affirmées, les façades mordorées des armoires scintillent sous la lumière qui anime les compartiments de cuivre gravés et patinés. Mises en évidence, elles peuvent, comme les paravents de cuir de Cordoue, jouer un rôle architectural, ordonnant les symétries, « calant » une pièce [cat. n° 136].

Dans la série coffres, l'armoire *X* [cat. n° 147] mérite une mention spéciale. Généralement cachée et carrossée de cuivre, la structure de fer est ici affirmée, exhibée, et les caissons qui y sont accrochés donnent l'impression de flotter. L'absence d'accès évident accentue l'impression de secret, voire de menace. Elle n'a pas l'air commode avec ses yeux ronds qui se détachent soudain des lambrequins d'émail bleu pâle.

Meuble-paravent, détail, 1996 [cat. n° 136].

Bernard Van Risen Burgh II, dit BVRB, armoire, vers 1730. Marqueterie de bois de rose et de bois de violette à panneaux de laque de Chine. Château de Versailles.

André Dubreuil, dessin d'une armoire.

Armoire, 2003 (cat. n° 241).

Page de gauche : armoire, détail, 1997 (cat. n° 147).

The Cabinet

The cabinet shares both the armoire's secret and architectural aspects. You squirrel away drugs, love letters, bank notes, personal fetishes in it, but its hidden spaces and multiple drawers concealing further drawers are above all a metaphor for memory – and memories. The kind of memories that well up at the slightest suggestion, the merest of hints. So before we even consider its usefulness, a cabinet is a symbolic object. Even recent iconoclasts like Tejo Remy save the drawers of the pieces of furniture they demolish, strapping them together to inspire a "rereading" of the chest of drawers or cabinet. But this isn't Dubreuil's way: he loves cabinets. They stimulate his imagination and that of his clients. He fills them with secrets, devices, compartments that revolve or tip forward, and he crams them with meaning. Take his "Gothic" cabinet [cat. n° 95] bristling with spikes, a niche at its centre housing a clock haloed with radiating beams like a monstrance. Or the funereal-looking model from 1998 with its pivoting base and "rose window" motif reminiscent of a mysterious ray of light illuminating a cosmic ark *à la Indiana Jones*. Such effective and elementary bits of symbolism seems to spring of their own accord from the artist's formal *trouvailles*, or from a novel and surprising colour or patina. They release memories, distant echoes of the Catholic symbols that bathed Dubreuil's childhood. Some of his cabinets are indeed "soul furniture," in the sense that the work of Lyon's Symbolist painters is often referred to as "soul painting." They are reliquaries for emotions, repositories of sentiments, treasure chests or perhaps Pandora's boxes, like the giant jewel box Dubreuil set on short, sturdy legs [cat. n° 179]. "Its shape evoked something Oriental. To avoid perpendicular lines and symmetry, I added random diagonal lines, which somehow suggest intergalactic connections, something between the net and outer space." The doors display a Japanese-style composition centred on a spiralling nautilus shell. Visible behind twin fretwork panels is an unsettling red glow. In the same fiendish register, Dubreuil made a cabinet with a vortex-like motif ("a high-tension field or the eye of a cyclone?") with a central niche containing drawers and a clothes rack (for a fetishist's wardrobe?).

Dubreuil's tamer cabinets favour architectural "types," whether small cabinets on a base or large, more recognisably architectural pieces [cat. n° 200], Gallé or simplified Boulle models with room for variations, like the twin cabinets the artist fashioned towards the end of 2001 [cat. n° 222]. Other models have a kind of "hurried" appearance, for example a late 1998 cabinet [cat. n° 162] vaguely akin to Gaudí and French Henri II furniture – a cross between Renaissance and Art Nouveau styles. "Among the work of late nineteenth-century furniture-makers I prefer 'lavish' pieces like the incredible 'Merovingian' cabinet at the Musée d'Orsay, with its silver-bronze details by Frémiet. I'm drawn to the bold, massive furniture made for the universal expositions to display the skill of the artists, the ingenuity of the craftsmen, the richness of the materials."

Charles-Guillaume Diehl, Emmanuel Frémiet, médaillier, 1867.
Bâti, bronze, cèdre, chêne, cuivre, ébène, ébénisterie, ivoire, marqueterie, noyer.
Musée d'Orsay, Paris.

André Dubreuil, dessin d'un cabinet, 1993 (voir cat. n° 95).

Le cabinet

Le cabinet partage avec l'armoire l'architecture et le secret. On y glisse des drogues, des billets doux ou de banque, des fétiches, mais ces perspectives qui aboutissent à des cachettes, ces multiples tiroirs qui en dégagent d'autres sont avant tout une métaphore de la mémoire et des souvenirs. Ceux-ci surgissent au moindre affleurement, au plus infime déclic. Avant d'être utile, le cabinet est symbolique. Même les iconoclastes récents comme Tejo Remy démolissent les meubles, mais sauvent les tiroirs qu'ils réunissent d'une sangle, proposant une relecture du cabinet et du *chest of drawers*. Dubreuil n'a pas de ces humeurs, il aime les cabinets parce qu'ils sollicitent l'imagination, la sienne et celle de ses clients. Il ne craint pas de les farcir de secrets, de leviers, d'éléments tournoyant, basculant, de les surcharger d'intentions comme ce cabinet gothique [cat. n° 95] bardé d'épines et de piquants, orné en son centre d'une niche d'où rayonne une pendule aux allures d'ostensoir. Dans cet autre, au piètement pivotant, à l'aspect funèbre, une rosace de verre laisse imaginer l'émanation d'un rayon mystérieux, à tel moment de l'année, dévoilant, comme dans *Indiana Jones*, quelque arche cosmique. Ce symbolisme élémentaire et efficace s'impose à l'occasion d'une trouvaille formelle, d'une nouvelle couleur ou d'une patine qui suggère un caractère inattendu. Se projettent alors quelques souvenirs, des échos lointains d'un symbolisme catholique qui a baigné l'enfance sous la silhouette grotesque des tours de Notre-Dame de Fourvière. Certains cabinets deviennent des « meubles de l'âme », pour reprendre une expression appliquée aux peintres lyonnais symbolistes. Des reliquaires d'émotions, des reposoirs du sentiment. Coffres au trésor ou boîtes de Pandore, comme celle-ci, géante sur un piètement ramassé aux courtes et solides pattes [cat. n° 179]. « La forme suggérait quelque chose d'oriental, j'ai ajouté des diagonales aléatoires pour échapper aux angles droits, aux symétries, impression de liaisons intersidérales, entre le "net" et l'espace. » Les vantaux découvrent une composition japonisante centrée autour de la spirale en expansion d'un nautile. Derrière une double grille, se devine un rougeoiement inquiétant. Dans ce registre infernal, un cabinet au motif tourbillonnant (« haute tension ou œil du cyclone » ?), ouverture de la niche centrale qui révèle des tiroirs, un portant à vêtements... vestiaire de fétichiste ?

Dans les cas les plus sages, c'est le « type » architectural qui s'impose, petit cabinet sur piètements ou grand cabinet, plus architecturé [cat. n° 200]. Modèles de Galle ou de Boulle simplifiés, qui permettent des variations comme ces cabinets jumeaux de la fin 2001 [cat. n° 222]. Modèles parfois bousculés comme dans ce meuble [cat. n° 162] « un peu Henri II, un peu Gaudí », où la Renaissance faute avec l'Art nouveau. « Dans l'échelle des valeurs des fabricants d'alors, je préfère les meubles "riches" comme l'incroyable cabinet "mérovingien" du musée d'Orsay, avec ses bronzes argentés de Frémiet. J'aime l'audace, le costaud, les grands meubles faits pour les expositions universelles destinées à démontrer le talent des artistes, l'ingéniosité des artisans, la richesse des matériaux. »

Cabinet, détail, 2001 [cat. n° 222].

Double page suivante : *Cabinet chinois* fermé et ouvert, 1999 [cat. n° 179].

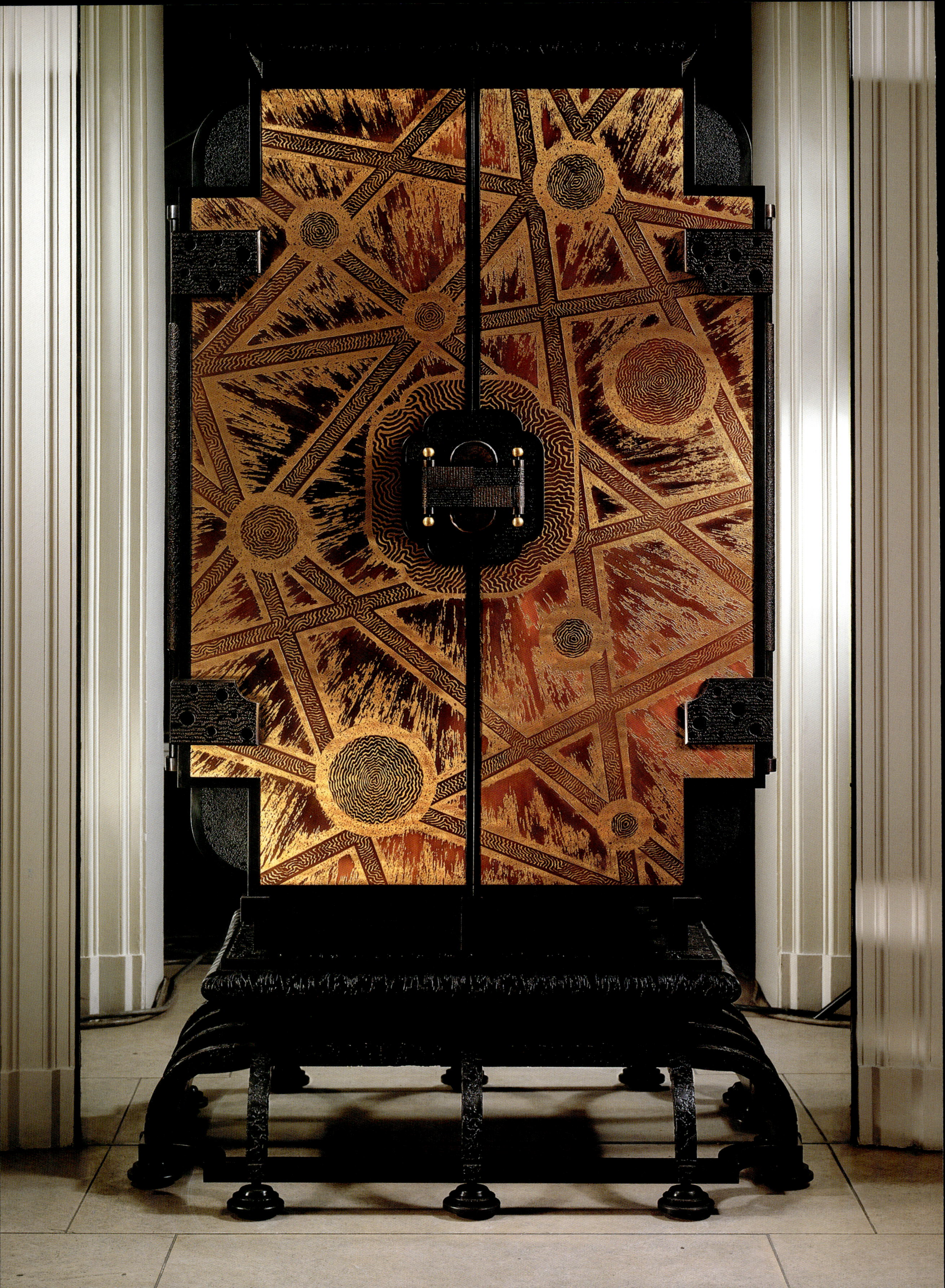

Lustre *Champignon*, 2004 (cat. n° 268). Applique et lustre.

Lamps

Dubreuil might well have penned his own version of Tanizaki's *In Praise of Shadows*. The phrase that occurs most often on his lips when he speaks of lamps is: "They cast beautiful shadows." Most of us are only too familiar with artificial light. Since the domestication of electricity, it has ceased to surprise us. If anything, when it is very bright we find it an annoyance. We tend to confine it to semi-darkness. With the help of optical fibres we have even achieved the miracle of limiting it to the objects it strikes and the shadows it casts. Lamps are now, and have long been, luminous sculptures animating the watt-saturated spaces we dwell in. The classical sources of light – sconces, chandeliers, standard lamps – have been rethought, fitted out with electric candles and fitted out with the latest technical innovations.

To create his "beautiful shadows," Dubreuil uses two materials: glass, in the shape of marbles, lenses and glass balls, and pieces of cut-out or extruded sheet metal. Both the transparent effects of the first and the sharp outlines of the second create interesting shadows. Dubreuil bought his first glass marbles in a toyshop, eventually replacing them with glass beads from India. Skewered on slender metal spikes, the marbles temper the prickly design of Dubreuil's early lanterns [cat. n° 49], standard lamps and well-known, widely distributed candle-holders, [cat. n°s 46, 249]. When strung on thin parallel rods, they form uneven, varicoloured surfaces. The lenses, on the other hand, enable the artist to concentrate effects of light and shadow. As for the metal plates, they are initially worked with acid and then cut out with a plasma torch. Whether on sconces, lanterns or chandeliers, the volumes thus created have an Oriental perfect for the *Arabian Nights* ambience of small intimate spaces, boudoirs and smoking rooms. Occasionally, the difficulty involved in assembling an elaborate piece will give rise to simpler models, such as the single-lens *Soleil* sconce [cat. n° 22]. Dubreuil's standard lamps and chandeliers tend to be complex, like the coral centre light [cat. n° 202] with its extruded metal bowl transformed into a fishing net adorned with sprays of seaweed.

For the Sao Schlumberger residence in Paris (Paul Morand's former town house), Dubreuil was able to satisfy his old dream of making a "large universal exposition item": four huge candelabra [cat. n° 86] inspired by the four seasons and fashioned from bronze reliefs and theatrical masks. "I had a vague inkling of the salon's furnishings, but I created my torchères using elements that were at hand in my studio. The array of objects I had, especially the masks, reminded me of Piranesi, the master of composite candelabra." Perched on tall, flared pyramidal bases, Dubreuil's torchères certainly achieve a Piranesi-like monumentality. The central bowl directs the light ceilingwards, while the gilded candleholders support candles at couch level. These giant pieces inspired other lamps, made for regular visitors to the house, stela-like standard lamps that bear light aloft as if stony sentinels. One of these lamps, bristling with spiky metal cut-out shapes, was christened *Virus* [cat. n° 225], a reference to the dread HIV virus – a deadly intruder in evening dress poised in a panelled drawing room on the Faubourg Saint-Germain.

Designed to create a play of light and shadow, a Dubreuil lamp lends itself to every allusion and inspiration. The artist draws on Turkey, China, the Egypt of the pharaohs and even modern sculpture. After a visit to the Guggenheim Museum in Bilbao, he made Calder-like mobile lamps, albeit treating their metal surfaces in his usual manner. They cast shadows that move and animate the ceiling at the slightest breeze [cat. n°s 219, 268].

Torchère, détail, 2004 [cat. n° 249]. Lanterne, détail, 2001 [cat. n° 209]. Applique *Soleil*, 1987 [cat. n° 22]. Double page suivante : lanternes, détail, 2000 [cat. n° 207].

Luminaires

Dubreuil aurait pu écrire sa version de *L'Éloge de l'ombre*. Quand il parle luminaire, l'expression qui lui vient régulièrement, c'est « ça fait de belles ombres ». La lumière, on connaît. Depuis l'invention et la domestication de l'électricité, elle n'étonne plus, elle dérange plutôt. Elle a été mise sous le boisseau et les techniciens de l'éclairage indirect lui ont définitivement réglé son compte. La fibre optique parachève ce prodige d'une lumière qui n'apparaît plus que par les objets qu'elle frappe et les ombres qu'ils portent. Depuis longtemps, les lampes ne sont que des sculptures lumineuses qui animent un espace saturé de watts. Repensés, les modèles classiques – l'applique, le lustre, le lampadaire – ont retrouvé leurs bougies ou été soumis aux dernières trouvailles techniques. Dubreuil s'est réapproprié deux matériaux, le verre sous forme de billes, de lentilles ou de boules, et le métal sous forme de plaques découpées et extrudées. Tous deux « font de belles ombres », le verre par transparence, le métal par ses découpes. Les premières billes ont été achetées chez un marchand de jouets, puis remplacées par des perles de verre indiennes. Enfilées sur des pointes de métal, les billes adoucissent le dessin un peu acéré des premières lanternes [cat. n° 49], photophores (le modèle le plus connu et le plus diffusé, cat. n° 46) et lampadaires [cat. n° 249]. Sur des tiges parallèles, elles forment des surfaces dont l'irrégularité est renforcée par la répartition des couleurs. Les plaques de métal, travaillées d'abord à l'acide, sont ensuite découpées au plasma. Appliques, lanternes ou lustres, les volumes ainsi constitués acquièrent un aspect oriental qui les destine aux entrées et aux petites pièces intimes, boudoirs, fumoirs où doit régner une ambiance des *Mille et Une Nuits*. Les lentilles, comme les boules, très souvent objets de récupération, permettent de concentrer les effets de lumière et d'ombre. Parfois la difficulté d'assembler une pièce complexe donne naissance à d'autres plus simples comme l'applique *Soleil* [cat. n° 22] à une lentille. Lampadaires et lustres sont l'occasion de montages plus élaborés, comme ce lustre *Corail* [cat. n° 202] qui transforme la vasque extrudée en filet de pêcheur orné de fragments d'algues. Pour Sao Schlumberger, installée dans l'ancien hôtel de Paul Morand, Dubreuil peut enfin assouvir son désir de réaliser un « grand meuble d'exposition universelle ». En l'occurrence quatre immenses candélabres [cat. n° 86] faits à partir de quatre « saisons », reliefs en bronze, et de masques de théâtre. « Je savais vaguement ce qu'il devait y avoir dans le salon, mais j'ai plutôt composé mes torchères à partir des éléments que j'avais : le répertoire, surtout les masques, m'a fait penser à Piranèse, le maître des candélabres composites. » Juchées sur des bases triangulaires, les torchères de Dubreuil ont la monumentalité piranésienne voulue. La vasque renvoie sa lumière au plafond, tandis que des bobèches dorées supportent des bougies au niveau du canapé. Ces monstres en appellent d'autres qui seront réalisés pour des familiers de la maison, stèles-lampadaires qui portent leur lumière comme des sentinelles sévères. L'un d'entre eux, multipliant les découpes métalliques hérissées de piquants, est baptisé à l'atelier le *Virus* [cat. n° 225], par allusion au terrifiant HIV. Mais c'est un virus en habit de soirée qui a réussi à s'introduire sous les lambris du faubourg Saint-Germain. Conçu pour le jeu des ombres et des lumières, le luminaire est propice aux allusions, aux emprunts. Avec l'Orient turc, c'est la Chine ou l'Égypte pharaonique et même la sculpture moderne qui sont mis à contribution. À la suite d'une visite au musée Guggenheim de Bilbao, Dubreuil se sent l'envie de créer des lustres mobiles à la Calder, mais les plaques de métal subiront le même traitement. Résultat, ce sont les ombres qui bougent et animent le plafond au moindre courant d'air [cat. n°s 219, 268].

Piranèse, candélabres, vers 1770.
Recueil de gravures.
Musée Gustave-Moreau, Paris.

Torchère *Quatre Saisons*, 1991 (cat. n° 86).

Clocks

Clocks are no more intended merely to indicate the time than lamps are made merely to give light. Today everything tells the time. Computers, cell phones, cars, kitchen stoves, even certain items of clothing have built-in clocks. But Dubreuil isn't particularly interested in knowing what time it is; what fascinates him is the passage of time, the feeling of being swept along by a current to the tranquil beat of a pendulum. He has several antique clocks in his bedroom, with subtle, mysterious mechanisms to rhythm the silence of the surrounding countryside. "I wake up when one of them stops," he admits.

In his antique-dealing days, Dubreuil specialised in skeleton clocks having visible mechanisms and in their so-called "mysterious" siblings having no apparent clockwork. He bought them in France for resale to American clients visiting his London shop. Among his favourites was the perpetual movement "Atmos" clock invented in the 1920s and powered by infinitesimal changes of temperature.

A few clock mechanisms were left over from his antique business. Combining them other salvaged items, some of them precious, others quite ordinary, he began creating his own clocks. "My first piece goes back to the Eighties, the era of 'creative salvage.' Everyone was recycling things, but I wanted to do it on a more elegant level. I had a Berthoud mechanism that I had removed from its Louis XVI case. I cobbled it together with a bicycle chain, a floater from a WC and an automobile cam shaft [cat. n° 27]." Dubreuil's next clock, made for a British Council exhibition, included rejects from a lens-grinding firm. "Today everyone knows the time. This allows me to do things as I please, and the fact that it's a clock frees me to decorate it as I fancy. The clock is a pretext for making small symbolic compositions." A thoroughly successful pretext, since it allows Dubreuil collectors to feel that they are making a useful purchase while acquiring one of the artist's poetic inventions.

Clocks are Dubreuil's field for experimenting. He blithely does away with the vitally important dial or inserts it in a composition where it is virtually indistinguishable. Or he may set it behind a lens that distorts its numerals or include it in a frame large enough to distract from it. Usually, though, he cannibalises the clockwork and adapts it to a new composition, combining it with elements of his own invention – Chinese Bi rings, bits and pieces of jade, ivory, coral, petrified wood or recycled objects such as transformers or components from photographic enlargers [cat. n° 116]. Some of his clocks are designed to hang on a wall, others are conceived as cartel clocks on a wall-bracket. However, most stand on a base. Their vertical composition revolves around a strong element, often one that radiates outwards. This keeps the clock from looking like a scientific instrument and makes it resemble a magic object.

Pendule *Lion* [cat. n° 61].

Jean Joseph de Saint-Germain, *Pendule au rhinocéros*, cadran signé Viger, vers 1750. Bronze, écaille, patiné. Musée du Louvre, Paris.

Disque bi, époque néolithique, culture de Liangzhu [3 300-2 200 avant J.-C.]. Jade. Musée Guimet-Musée national des arts asiatiques, Paris.

Pendules

Pas plus que les luminaires ne sont faits pour donner de la lumière, les pendules ne sont conçues pour donner l'heure. Celle-ci est aujourd'hui omniprésente. Le moindre appareil électroménager la porte, tatouée sur le ventre, l'ordinateur, le téléphone portable, la voiture, certains vêtements même, on ne peut plus lui échapper. Ce n'est point l'heure qui intéresse Dubreuil mais le temps qui passe, le délicieux sentiment d'être embarqué dans un fleuve dont les balanciers de toutes sortes scandent l'écoulement tranquille. Écoulement des sabliers, des pendules à eau avant que ne triomphent les ressorts et autres mécanismes que les spécialistes appellent « mouvements ». Dans sa chambre, pour rythmer le silence de la campagne, Dubreuil a rassemblé quelques pendules anciennes aux « mouvements » subtils et mystérieux. L'un accompagne l'autre dans un plain-chant de cliquetis légers indispensables à son sommeil : « Lorsque l'une s'arrête, je me réveille. » Antiquaire, Dubreuil s'était fait une spécialité de pendules squelettes aux entrailles apparentes et de leurs sœurs dites « mystérieuses » aux mouvements « invisibles ». Il les achetait en France pour les revendre aux clients américains dans son magasin londonien. Parmi ses favorites, les pendules *Atmos*, une invention des années vingt qui permettait de remonter le mouvement automatiquement par les plus faibles changements de température. Quelques mouvements lui restaient de son négoce, occasion de s'en occuper et de les associer à d'autres éléments de récupération, triviaux ou précieux, dans de nouvelles montures. « Ma première date des années quatre-vingt, à l'époque du *creative salvage*, tout le monde faisait de la récup', mais je voulais faire de la récup' élégante, j'avais un mouvement de Berthoud que j'avais retiré de sa caisse Louis XVI, je lui ai associé une chaîne de vélo, un flotteur de toilettes, un arbre à cames de voiture [cat. n° 27]. » Pour la suivante, destinée à l'exposition du British Council, il associe quelques déchets de verre d'un fabricant de lentilles. « Aujourd'hui tout le monde a l'heure, ça me permettait de faire des trucs comme j'en avais envie et la pendule autorisait de faire passer tout le reste, c'était un prétexte pour de petites compositions symboliques. » Cet alibi libérateur a son effet sur les amateurs de Dubreuil qui achètent volontiers une pendule (achat pratique) pour savourer sans remords les inventions formelles et poétiques de l'artiste. La pendule est son lieu d'expérimentation par excellence. Pièce essentielle, le cadran doit disparaître et est intégré dans une composition qui le rend invisible. Ancien et reconnaissable, il est enchâssé dans une lentille qui trouble la lecture ou dans un cadre surdimensionné qui l'éclipse. Plus souvent, Dubreuil préfère garder le mouvement et l'adapter à une composition nouvelle autour d'éléments de son cru : objets fétiches comme les disques chinois bi, des morceaux de jade, des ivoires, du corail, du bois fossilisé, des objets de récupération comme un

Pendule, détail, 1996 (cat. n° 133).

Cartel chez André Dubreuil à Mareuil.

Pendule *Tortue*, détail, 2004 (cat. n° 253).

A few pieces, fashioned from disparate components in the manner of the Surrealists' "exquisite corpses," gain a kind of totemic monumentality [cat. n° 193]. The pure circular shape and noble patina of Chinese jade disks may serve as frames for a clock face. The artist's carefully cultivated stance of ambiguity inclines him to accentuate the "Chinoiserie" look of these clocks by adding a dragon or written character, though he does so with no heed to authenticity (like the seventeenth-century Jesuit father Athanasius Kircher, who invented an archaic style of writing to add to the mystery of the objects discussed in his treatises). Another example of Dubreuil's exotic fancy is a clock on a small modern ebony lion bought from an African street vendor [cat. n° 61]. "The little beast hoped to look ferocious, but wasn't succeeding. It had a delightful curved back and so I decided to use it the way eighteenth-century clockmakers set their pieces on elephants and rhinos." In lieu of a palanquin, the animal bears one of the artist's "lens" clocks on his back, surrounded by autumn foliage. A scattering of pseudo-African objects on the base ironically underscores the clock's playful aspect.

Still other Dubreuil timepieces display an almost unsettling level of seriousness, for instance his "atomic monstrance," with its needle-like spikes evoking nuclear fission or the primal Big Bang [cat. n° 211]. "I began with the circle, then I started working on the base, after which I added the enamel, the fretwork and the barbs to balance and give a shape to the central mechanism."

Pendule *Ostensoir*, détail, 2001 [cat. n° 211].

transformateur électrique, une boîte d'agrandisseur photo [cat. n° 116]. Quelques pendules sont accrochées au mur, parfois posées sur des consoles, en cartel, mais la plupart sont posées sur un socle. Leur composition verticale se fait autour d'un élément fort, souvent rayonnant, qui enlève à la pendule son aspect d'instrument scientifique pour la rapprocher de l'objet magique. Certaines, conçues d'éléments disparates à la manière des cadavres exquis, comme ce lampadaire [cat. n° 193] réalisé autour d'un vase de Murano des années cinquante, atteignent une monumentalité de totem. Souvent, les disques de jade chinois avec leur forme pure circulaire, leur matière noble et patinée, l'orifice central où est inséré le cadran, donnent aux pendules un aspect magique. Ambiguïté savamment cultivée par l'artiste qui n'hésite pas à renforcer le côté chinoisant en rajoutant un dragon ou un caractère d'écriture, mais sans souci d'authenticité, un peu comme sur les gravures du père Kircher, au XVIIe siècle, qui inventait une écriture archaïque de son cru pour renforcer l'aspect mystérieux des objets présentés dans ses traités. Orient fantaisiste également avec cette pendule réalisée à partir d'un petit lion en ébène africain moderne acheté sur un marché [cat. n° 61]. « Il avait envie d'être méchant, mais on n'y croyait pas une seconde. La courbure de son dos était délicieuse et j'ai décidé de le mettre à contribution comme on le faisait au XVIIIe siècle avec les éléphants ou les rhinocéros. » En guise de palanquin, c'est l'axe d'une pendule à la lentille que porte l'animal, l'ensemble étant entouré de feuillages d'automne. Sur le socle, quelques ornements pseudo-africains soulignent ironiquement la fantaisie de l'objet.

D'autres modèles affichent une rigueur presque inquiétante, comme cet « ostensoir atomique » aux pointes acérées qui évoque aussi bien le big bang originel que la fission nucléaire, un soleil post-Hiroshima très déchiqueté [cat. n° 211]. « J'ai commencé avec le cercle, ravé, puis j'ai attaqué la base, j'ai alors rajouté l'émail, puis la grille enfin les pointes pour équilibrer et donner forme au mouvement central. »

DEGAS
CEZANNE
MAGRITTE
ADAMI
SCULPTURE
DIEGO GIACOMETTI

Rudiments of an Aesthetic

If there is one catchphrase that is totally opposed to Dubreuil's world it is surely "beauty in utility." Coined by nineteenth-century industrialists anxious to gain an edge on their competitors, this motto was taken up by guilt-burdened theorists who wanted to bring the working classes some of the "beauty" which, until then, had been confined to museums. The terms "applied arts," "decorative arts," "design" and so forth were coined to designate beautified tools or implements, ideal instruments of domestic subservience. Dubreuil dislikes the word "design" itself and considers the intrusion of kitchen aesthetics into the rest of the household as a kind of tyranny. "I have always reproached contemporary furniture with being kitchen furniture. Why are we no longer permitted today to indulge in pomp, extravagance, opulence in our materials and designs? If we were true functionalists we would still be sitting on stones. To decide on placing a chair bar here rather than there is already to talk about decoration."

On this point, Dubreuil is unwittingly in agreement with certain recent iconoclasts like the Bouroullec brothers (champions of the deliberately untrendy "disintegrated" kitchen) who scoff at function and "integrated" designs. Perhaps even more than the furniture itself, it is the discourse surrounding it that Dubreuil deplores: "A lot of people buy discourse. Yet furniture is furniture: our furniture and lamps aren't going to change the world, especially given that our production, even when it's so-called industrial stuff, only reaches a tiny fraction of the population." A creator and a doer, Dubreuil is a man of few words, but his rare aphorisms hint at a philosophy which brings to mind the ideas propounded by the theorists of the nineteenth-century English reformist movements.

To begin with, he holds that furniture no longer serves any vital purpose and has at last become limited to its symbolic function. "As book shelves and cupboards have been fitted into walls, furniture now boils down to couches and coffee tables." The former, Dubreuil leaves to "comfort experts," and the latter, to the books and knick-knacks spread out on them. All that remains are "things that you see but that have no purpose." This anti-functionalist creed is currently very fashionable. "Function will never create one of my pieces of furniture. My furniture makes no pretence of being useful and it requires a setting that has become obsolete too, for it too is useless. The eye must be drawn and made to linger on the surface of things. It must be encouraged to explore."

Dubreuil's furniture cannot be grasped instantly. It can't be taken in with a single glance. Its attractiveness isn't immediately obvious. In fact, some of his pieces actually look surly, uncivilised, harsh, if not unpleasing. But like certain bearish individuals, they improve on acquaintance. Taming them requires time, and with time one observes that behind their gruff façade they are in fact remarkably civil. Strange and a bit gauche against the

Double page précédente :
console, 1998 (cat. n° 169).
Guéridon *Saturne*, 2003 (cat. n° 248).

Ci-dessous : éléments de la sculpture en construction (cat. n° 273).

Rudiments d'esthétique

S'il est une formule qui par sa benoîte formulation semble aux antipodes du monde de Dubreuil, c'est bien celle du « beau dans l'utile ». Inventée au XIXe siècle par des industriels désireux de lutter contre la concurrence, elle a été reprise par des théoriciens culpabilisés, soucieux de procurer aux classes ouvrières un peu de cette « beauté » cantonnée jusque-là dans les demeures des riches. Arts appliqués, décoratifs, design, toutes sortes d'expressions ont été inventées pour décrire cet idéal de l'asservissement domestique : l'outil enjolivé. Le simple mot de design hérisse Dubreuil qui considère l'envahissement de la maison par l'esthétique de la cuisine comme une sujétion. « J'ai toujours reproché au mobilier contemporain d'être un mobilier de cuisine, pourquoi ne pourrait-on plus avoir recours aujourd'hui à l'apparat, la folie, la richesse, aussi bien des matières que des motifs ? Si on était fonctionnalistes, on serait toujours assis sur des cailloux ; choisir l'emplacement d'une barre ici plutôt que là pour une chaise, c'est déjà du décor. » Ici Dubreuil rejoint, sans le savoir, certains iconoclastes récents qui se moquent des préceptes de la fonction ou du souci d'« intégration », comme les frères Bouroullec qui ont créé, à contre-courant, leur « cuisine désintégrée ». Plus que les produits, ce sont aussi les discours qui les accompagnent que réfute Dubreuil : « Beaucoup de gens achètent du discours et pourtant du mobilier, c'est du mobilier, on ne va pas changer le monde avec nos chaises et nos luminaires, d'autant plus que notre production, même soi-disant industrielle, ne touche qu'un pourcentage infime de la population. » Homme d'action et de création, Dubreuil est avare de mots, mais derrière ses rares aphorismes se devine une philosophie qui n'est pas sans rappeler certains théoriciens des mouvements réformistes anglais du XIXe siècle.

D'abord, le mobilier ne sert aujourd'hui plus à rien, il est enfin limité à sa fonction symbolique. « Les meubles de rangement étant intégrés dans les murs, le mobilier se réduit aux canapés et aux tables basses. » Le canapé, Dubreuil le laisse aux techniciens du confort, la table basse, aux livres et aux bibelots destinés à la faire disparaître, restent « des choses qui se voient, mais qui ne servent à rien ». Credo antifonctionnaliste fort à la mode aujourd'hui : « Jamais la fonction ne créera mon meuble qui revendique son inutilité, qui réclame un décor banni lui aussi pour son inutilité : l'œil doit être attiré, accroché et s'attarder à la surface des choses, il doit partir à la découverte. » Les meubles de Dubreuil ne se comprennent pas de prime abord, ils ne s'épuisent pas d'un coup d'œil, leur séduction n'est pas immédiate, certains même sont bourrus, sauvages, sévères, voire désagréables. Mais, comme certains butors, ils gagnent à être connus. Il faut prendre le temps de les apprivoiser et de s'apercevoir que, derrière leur sauvagerie, ils sont remarquablement bien élevés. Étranges, gauches, sur des cimaises immaculées, les spécimens les plus singuliers savent

Meuble deux corps *Batman* dans l'atelier de Mareuil, 1989 (cat. n° 57).

Console, 1999 (cat. n° 180).

Commode *Paris* dans l'appartement de Beethoven Street, 1990 (cat. n° 64).

Ci-contre :
poignée de porte en fabrication, 1991 (cat. n° 85).
Console en fabrication, vers 2004.
Console, détail, 2004 (cat. n° 267).

Page de droite :
André Dubreuil peint une plaque de cuivre avant le gravage.

immaculate walls from which they stand out, even Dubreuil's most unusual pieces have the capacity to adapt to any kind of decor. Positioned under a spot light next to other select items of furniture in the central area of a sitting room, they seem to know when to call attention to themselves and when to blend in with their surroundings.

One of the reasons for this is that Dubreuil's furniture does not impose a distinct, overwhelming or recognisable shape on us. It is impossible to spot a Dubreuil right off. It's only after scrutinising one of his pieces that one suddenly realises, "Why, it's a Dubreuil." This is not to say that his furniture is transparent, merely that it remains enigmatic. "Modernism has at least had the benefit of making us realise that the puzzle is greater than the solution. The solution is soluble, whereas what we need is a solid residuum, kernels that can't be cracked open, secrets." The form of decoration on a piece of furniture has to thwart understanding and interpretation. For example, a Dubreuil decoration is never merely repetitive or symmetrical, nor is there anything remotely hackneyed about it. Every compartment in a cabinet has a different decoration, not because the artist strives for "originality," or even because he derives a craftsman's satisfaction from work well done, but because he is determined not to yield to the temptation of perfection.

There is a Ruskinian side to this Lyonnais who has lived in London, this Protestant æsthete who favours the "dense, savagely clumsy but free" ornamentation of the Gothic artists over the "perfect, servile and repetitive" adornments of the Greco-Roman tradition. And religious convictions do indeed lurk behind such a stance. For Ruskin, imperfection was the mark of the human hand, and imposing industrial perfection was tantamount to acquiescing to modern slavery. Dubreuil speaks in Ruskinian accents when he praises the marks made by the craftsman's tool: "I believe that one leaves a bit of oneself in one's work – sometimes but not always the best of oneself – and one's clients feel it: some pieces turn out better than others. The hand isn't perfect. Furniture is for human beings and human beings aren't perfect. To human beings the perfection of machines is a sinister thing. The concept of the machine for living in strikes me as horrible."

This is why Dubreuil makes it a point of honour to decorate his furniture himself, even down to the smallest detail. His decoration is never meant to disguise the materials he uses, but on the contrary to breathe life into them, to give them a soul (to borrow an unfashionable word). Guilloches, vermiculation, spirals, interlacing, random reticulations, fretwork, tree branches and sprigs of seaweed, organic and geometric networks – they are not there to mask but to enhance the materials and to retain the eye. Hence the importance of hatchings, patinas, engravings, scratches and marks scored on metal like welts and scars. Hence, too, the need for enamelling by hand, for experiments, successful or not, with new materials like ceramics and molten glass, for improvisations and constant innovations to avoid routine. "The materials have to come alive, change, stir, express themselves. I would never paint metal, for example. The eye has to be caught by something. What I'm interested in is the lingering view, and I believe that my clients like their eyes to roam over an object, to discover it little by little." This is aeons away from the aesthetics of smoothness and seamlessness, from the glossy surfaces of synthesised images and clear plastic parroting intangible 3D figures. Dubreuil's materials are rough, contradictory, uneven. They have a history and they lend themselves to being weathered by history, to becoming wrinkled and having the sheen of a patina. A Dubreuil serves no purpose, hence it cannot be discarded like an utilitarian object that has reached the end of its usefulness.

s'adapter à tous les types de décors. Placés sous les spots, en compagnie d'autres vedettes au cœur d'un salon, ils sont capables de donner la réplique à voix haute, mais savent aussi se taire et se fondre dans le décor. En bout de canapés, jouant leur rôle dans un savant arrangement, ils chuchotent civilement avec leurs camarades d'autres origines.

Une des raisons de cette civilité est qu'ils n'imposent aucune forme précise, forte, repérable. Un Dubreuil ne se repère pas sur-le-champ, mais s'aperçoit après coup : « Tiens, c'est un Dubreuil ! » Ils ne sont pas transparents pour autant, mais restent plutôt énigmatiques. « Le modernisme a au moins servi à cela : se rendre compte que l'énigme est plus importante que la solution. La solution, c'est le soluble, il faut au contraire des reliquats, des noyaux durs, des secrets. » Il faut que la forme et le décor résistent à la compréhension, à l'interprétation. Le décor n'est par exemple jamais répétitif ni symétrique, et jamais Dubreuil n'utilise de poncif, chaque compartiment du meuble recevant un décor différent. Non par souci d'originalité « artistique » ou par satisfaction artisanale du travail bien fait, mais pour ne pas céder à la perfection. Il y a quelque chose de ruskinien chez ce Lyonnais qui a vécu à Londres. L'esthète protestant refusait l'ornement « répétitif, parfait et servile » de la tradition gréco-romaine au profit de celui « dru et sauvage malhabile, mais libre » des gothiques. Derrière ces partis pris, des convictions religieuses. Pour John Ruskin, l'imperfection étant le signe de la créature, lui imposer une perfection industrielle c'est accepter l'esclavage moderne. Dubreuil, sans le savoir, a des accents ruskiniens quand il vante la trace laissée par le travail : « Je pense que dans le travail, on laisse un bout de soi-même, parfois le meilleur, mais pas toujours, et les clients le sentent : il y a des pièces plus heureuses que d'autres, la main n'est pas parfaite. Le mobilier, c'est pour l'homme, l'homme n'est pas parfait, la perfection de la machine, pour l'homme, c'est sinistre. La machine à habiter, pour moi, c'est l'horreur. » C'est pourquoi Dubreuil se fait un point d'honneur de réaliser lui-même les décors de ses meubles, même les plus infimes, décors qui ne sont pas destinés à cacher les matières, mais à les faire vivre, à les animer, à leur donner, reprenons ce mot démodé, une âme. Les guillochis, les vermicules, les spirales ou les entrelacs, les réseaux aléatoires, les grilles et branches de végétaux ou d'algues, les résilles organiques et géométriques ne sont pas là pour masquer mais pour mettre en valeur les matériaux, pour y retenir l'œil. D'où l'importance des réseaux dessinés, des patines, des gravures, des burinages et des marquages du métal comme des cicatrices ou des scarifications. D'où la nécessité des émaux artisanaux, des essais et des ratages avec de nouvelles matières comme la céramique ou la pâte de verre, des improvisations et des innovations incessantes pour éviter la routine. « Les matériaux doivent vivre, se transformer, bouger, s'exprimer, jamais je ne peindrai un métal par exemple. L'œil doit être accroché par quelque chose, ce qui m'intéresse c'est m'attarder, et je pense que l'œil de mes clients aime errer. » Nous sommes ici aux antipodes de l'esthétique du lisse et de la glisse, de ces surfaces réfléchissant des images de synthèse, de ces matières plastiques translucides qui miment l'immatérialité des schémas en 3 D. Les matières de Dubreuil sont rugueuses, contradictoires, irrégulières, elles ont une histoire et se prêtent à l'histoire, aux patines, aux rides. On ne jette pas un Dubreuil après usage puisqu'il ne sert à rien.

Meubles en fabrication dans l'atelier de Mareuil.

No Time to Make It Simple

A few of Dubreuil's objects and items of furniture display a certain "simplicity." Does this mean that he sometimes feels unhurried enough to "make it simple?" Take, for instance, the "anvil" stool [cat. n° 100], inspired not by his own forge but by medieval anvils he discovered at the Musée du Fer in Rouen. "Despite its elaborate shape, it is the only one of my works to have smooth sides." Another example of Dubreuil's "simple" manner is the small *Betsy* stool [cat. n° 159] consisting of a cone with its top lopped off and set on a base. Yet though the surfaces of the "anvil" stools bear not a trace of decoration, and, as such, are quite unique in Dubreuil's output, they are usually dappled after the fashion of the *Paris* pieces. Some of the artist's "simple" items are only so in appearance, such as the console designed for an entrance hall, with its delicate structure of reinforcing bars framing a small drawer. The sections of the bars are uneven, bearing witness to the fact that they have been worked. The ends were shaped on an anvil and then finished with an angle-grinder to remove all traces of hammering, and every joint sports a brass inclusion suggesting a pin or dowel.

Other objects spring not from a preconceived design but from odds and ends in the artist's workshop. His two- and six-branched candelabra [cat. n° 261], ideal for flanking a dinner table centrepiece, are a good illustration of this. On close scrutiny, their lines reveal an elaborate construction testifying to Dubreuil's fondness for using leftover scraps from earlier jobs, odd sections of steel bars lying in a heap. Welding together several such sections of similar length but varying widths, he produced a lamp stand (for the 1998 lamp, cat. n° 168) that could be described as Minimalist, though its Minimalism merely derives from the industrial origin of its components. To give a metal console table from April 2000 [cat. n° 188] something of the appearance of a mad scientist's worktable, Dubreuil simply used the same elements in a different combination, producing a series of clashing shapes. Square steel or iron bars would seem to be the ideal medium for a Minimalist construction, but Dubreuil wrests them from plainness by hammering and tapering them, going as far as to make their tips so pointed that they become a menace to wooden floors and carpets. Or else he curves them and combines them in the tangled sheaves of his famous "killer console tables." In tamer moods, he shapes his bars into bases characterised by more harmonious curves. But restrained as he may be on such occasions, he cannot help covering his tabletops and horizontal surfaces with guilloches, stripes, streaks or other adornments.

His *Paris* line is a prime example of this false "simplicity." The "leopard" spots made with a blowtorch – virtual contusions on the epidermis of the steel sheet – animate the volumes created by welding metal plates together. The simple shapes of these volumes seem particularly indicated for such simple neo-classical archetypes as guéridon tables or the artist's low U-shaped, vaguely Chinese-style console table. The spots are, after all, only an "industrial" equivalent of the early nineteenth-century *flammé* mahogany and burl veneer techniques. Not only do the

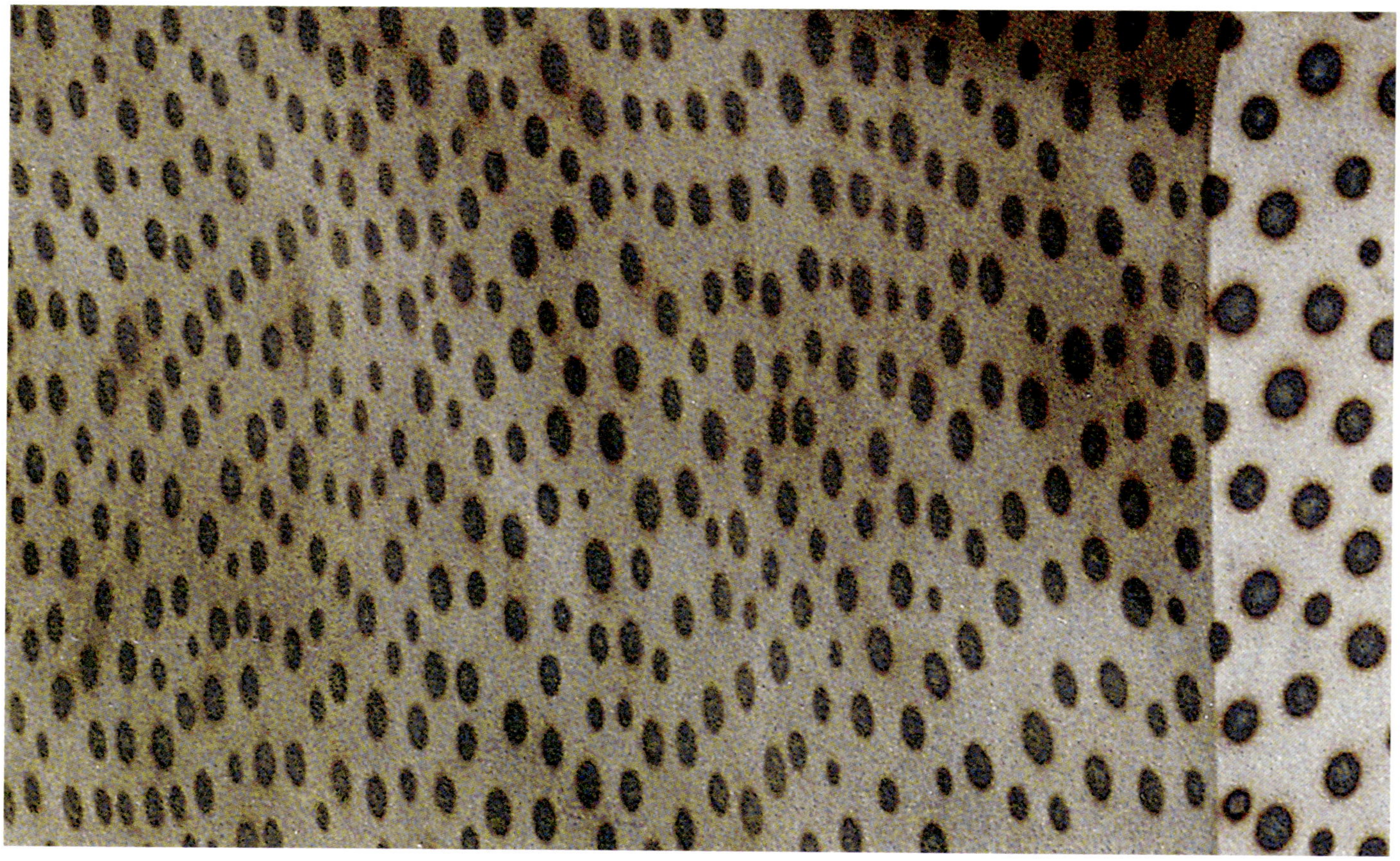

Pas le temps de faire simple

Quelques meubles et objets témoignent pourtant d'une certaine « simplicité ». Dubreuil aurait-il eu « le temps de faire simple » ? Par exemple, le tabouret *Enclume* [cat. n° 100], inspiré non par sa propre forge, mais par les modèles médiévaux découverts par l'artiste au musée du Fer de Rouen. « C'est peut-être le seul de mes objets aux surfaces lisses, mais il a des formes importantes. » Citons aussi les petits tabourets *Betsy* [cat. n° 159] formés d'un cône tronqué sur une base. Mais si les enclumes conservent leurs surfaces vierges, un *unicum* chez Dubreuil, les tabourets *Betsy* sont souvent tachés à la manière *Paris*.

Certains objets simples n'en ont que l'apparence, comme cette console conçue pour une entrée avec sa fine structure en barre de fer, encadrant un petit tiroir. D'abord les sections ne sont pas constantes, ce qui montre que les barres d'acier ont été travaillées. Les pointes sont forgées, puis meulées pour enlever toute trace de forge. À chaque jonction, une inclusion de laiton donne l'illusion d'une cheville.

D'autres objets sont nés moins d'un dessin que du hasard d'objets trouvés sous la main : comme ces bougeoirs à deux ou six branches [cat. n° 261], parfaits sur une table de salle à manger pour accompagner un surtout. Sous l'épure, un jeu de construction, la volonté d'utiliser quelques reliquats de travail, quelques tronçons de barre restés en vrac. Souder quelques rebuts de barre de même taille, mais de sections différentes, peut également donner un pied de lampe dont le minimalisme est simplement dû à l'origine industrielle des éléments (lampes, 1998, cat. n° 168). Mais il suffit de combiner différemment ces éléments pour obtenir des heurts, des oppositions de formes qui donnent à cette console métallique [avril 2000, cat. n° 188] une allure d'établi de machine de laboratoire de savant fou .

Les barres d'acier à section carrée (ou de fer) semblent *a priori* l'élément idéal d'une construction minimaliste, mais Dubreuil démiurge ne leur laisse guère ce loisir, non seulement il les forge et les amincit, jusqu'à créer de dangereux piquants (surtout pour les parquets et les tapis), mais encore il les courbe et les tresse en bouquets qui parfois se révoltent comme dans le cas des fameuses « consoles tueuses ». Complaisantes, les barres acceptent aussi de composer des piètements aux courbes plus équilibrées. Mais sur les plateaux des tables et leurs ceintures, les marquages Dubreuil reprennent leurs droits, simples guillochages, ponctuations ou ornements.

La gamme *Paris* est exemplaire de cette simplicité Dubreuil. La brûlure de la machine à souder, douloureuse cicatrice sur la peau de l'acier, était destinée à animer les volumes créés par l'assemblage des tôles. Volumes dont la simplicité « appelait » les archétypes simples du néoclassicisme, comme le guéridon, ou ceux d'une Chine réinventée comme la table basse en U transformée en console. La moucheture ne fait que réaliser par une technique industrielle les procédés de l'ébénisterie comme les grands placages d'acajou flammé ou de loupes du début du XIXe siècle. Non seulement, ils « donnaient corps » aux formes épurées inspirées de l'antique, offraient de belles matières, mais redonnaient vie à l'ornement avec les veines du bois. Moucheture parfois doublée d'un réseau de traits à la meuleuse et, dans le cas des consoles chinoisantes, d'une utilisation des aléas du chalumeau : « L'usage du chalumeau donne un aspect bossué à la plaque de tôle. Sur le plat, la chaleur peut gonfler ou rétracter, alors que sur une surface courbe, comme le pied du guéridon, ça bouge moins. Ce qui donne une nouvelle variation sur l'ornementation. » Il est un mot récurrent dans les propos de Dubreuil au sujet de ces meubles « simples » : l'ennui. Moins celui qu'ils dégagent, que celui ressenti par le créateur à les répéter. La découverte d'un type est toujours exaltante, mais sa répétition, selon les mots de l'artiste, énervante. Lorsque Dubreuil n'est pas stimulé par la diversité des matériaux et de leur traitement, il est excédé et se cabre dans un accès de fureur. Décidément, il est très ruskinien, il faut qu'il invente, qu'il crée. Du simple vermiculage qu'il réalise lui-même, à la forme générale d'un meuble découverte au cours d'un assemblage et de la fabrication. L'idée de réaliser un dessin préconçu l'accable, le fait de réaliser pour la énième fois un modèle identique le révolte. Oiseau rare, l'objet minimal de Dubreuil est à saisir sur-le-champ, on ne le voit jamais deux fois. Dubreuil n'a pas le temps de faire simple.

Double page précédente :
détails (cat. n°s 206, 278, 169).

Page de gauche :
gros plan sur les mouchetures de la gamme *Paris*.

Ci-dessous : console, 2000 (cat. n° 188).

latter give substance to pared-down forms inspired from Antiquity, but they offer the eye beautiful materials and use wood veins to give a new life to ornamentation. In Dubreuil's case, the "leopard-spot" effect may be combined with a network of lines scored with an angle-grinder and, on the Chinese console-table, marks produced with a blowtorch. "Using a blowtorch enables me to give a steel plate a wavy appearance. When it is laid out flat, the steel can either expand or contract under the heat from the torch, but on a curved surface like the gueridon's leg it buckles less. This introduces a new variation in the ornamentation."

Boredom is a word that occurs often in Dubreuil's statements about his "simple" furniture. What he means is less a feeling of ennui that he fears a viewer might experience before one of his pieces than his own boredom at having to repeat an item. Inventing a new model is always a thrill, but going back to it later is a bore. When not stimulated by the diversity of his materials and his treatment of them, he becomes irritable. He is a decidedly Ruskinian artist, unhappy when he isn't inventing and creating at every level of furniture-making, from producing his own vermiculation to elaborating the overall shape of a chair or cabinet. The concept of preparatory drawings depresses him. The thought of repeating a model down to the smallest detail sends him into a rage. His rare Minimalist pieces are unique. You'll never see two of the same model. Dubreuil is simply too pressed for time to make his furniture simple.

Mystery Pieces

For an artist with a small output, whose furniture is by and large displayed only very briefly in galleries (when not shipped directly to his clients), mounting an exhibition poses something of a problem. Moreover, since Dubreuil's London period, very little has been written about his œuvre. Add to this the fact that, with a few exceptions such as his *Spine Chair*, *Betsy* stool and *Paris* chair series, his furniture rarely goes on the auction block. Hence the importance of the "Carré Rive Gauche" events in Paris. For Gladys Mougin the "Carré" is an opportunity to show Dubreuil's latest masterpiece, elaborated during the previous winter months. And for Dubreuil himself it is an opportunity to do as he likes, to launch into new experiments, to give himself a free rein and to present his most baffling pieces.

Dubreuil's master in aesthetics, Philippe Jullian, was fond of ascribing human sentiments to the furniture surrounding us. Fashioned by human hands and the human mind, small objects and hulking pieces of furniture alike mirror our lives so closely that they can almost be regarded as our twins, our mates, if not as voyeurs of our intimacy. Jullian's *Mémoires d'une Bergère* relates the cruel, gossipy reminiscences of an armchair privy to the private lives of several generations of great – and some petty – individuals. Under the worldly-wise upholstery and varnish are

Meubles énigmatiques

Pour un artiste qui produit peu et dont la plupart des meubles ne font qu'une courte apparition en galerie, quand ils ne sont pas directement expédiés à leur commanditaire, il est difficile de réaliser une exposition, de montrer l'évolution de son travail. Depuis l'époque londonienne, les articles sur l'œuvre de Dubreuil sont d'ailleurs rares. Rares également les meubles qui passent en salle des ventes, en dehors de quelques éléments de petites séries comme la chaise *Spine*, le tabouret *Betsy* ou la chaise *Paris*. D'où l'importance de l'exposition parisienne intitulée « Carré Rive Gauche », constituée par l'ouverture exceptionnelle en soirée, pendant plusieurs jours, de toutes les galeries des rues situées derrière le quai Voltaire. Le « Carré » est pour Gladys Mougin l'occasion de montrer le chef-d'œuvre mûri au cours de l'hiver précédent, et Dubreuil en profite pour faire vraiment ce qui lui plaît, se lancer, se lâcher, pour présenter ses plus énigmatiques productions.

Philippe Jullian, un des maîtres en esthétique d'André Dubreuil, avait conféré aux meubles qui nous entourent les sentiments qui sont les nôtres. Produits par nos mains et nos intelligences, petits objets et grands meubles correspondent si étroitement à notre vie qu'ils deviennent presque des doubles, des complices, parfois même des voyeurs. *Les Mémoires d'une bergère* racontaient les souvenirs cruels et indiscrets d'un siège qui avait connu l'intimité de plusieurs générations de grands et petits esprits. *Les Meubles équivoques* symbolisaient les drames intimes, les tares, les intrigues domestiques cachées sous le vernis mondain. Avec Dubreuil, nous voyons apparaître la catégorie des « meubles énigmatiques » – on aimerait les appeler « ultrameubles » si la formule n'avait pas été utilisée par Kurt Seligmann, un surréaliste de la deuxième génération. Présentés au « Carré », ces meubles, créés pour le plaisir égoïste de l'artiste, sont généralement achetés à peine atterris sur le dallage de la galerie Mougin. Parfois même, quelque *aficionado* averti par Internet a déjà mis une option.

Le premier d'entre eux, présenté en 2001 [cat. n° 216] n'est que le cadre gigantesque, 2,20 mètres de haut, d'un petit écran vidéo situé au centre derrière un bloc de cristal de roche. Autour de l'écran, quelques allégories chantent les plaisirs et les jours, les quatre saisons dans les cabochons ronds, quelques petits motifs bucoliques, miniatures en cuivre émaillé, « des petites scènes toutes bêtes, toutes mièvres ». L'ensemble est surmonté par la chouette de Minerve étreignant le serpent de la vitalité. En dessous, un œuf en pierre, roulé dans la mer indienne est gage de bonheur. L'ensemble est comme un gigantesque bijou Renaissance en or émaillé avec ses scènes, ses pendentifs. Au centre, la vidéo est un enchaînement de scènes disparates, dont

Sculpture *Boîte à bijoux*, 2005 [cat. n° 273].

Double page suivante :
sculpture *Boîte de Pandore*, détails, 2004 [cat. n° 260].

hidden lifetimes of personal crises, failures of character and domestic intrigue.

Dubreuil has begun to usher in another type of furniture. He calls these pieces "meubles énigmatiques." Another name for them might have been "ultrafurniture" had not the second-generation Surrealist Kurt Seligmann already used it. Presented at the Galerie Mougins during the yearly "Carré," Dubreuil's "enigmatic pieces of furniture," fashioned purely for his own pleasure, are generally snapped up the minute they're set down on the gallery's tiled floor. Sometimes, having got wind of a new piece over the internet, a Dubreuil fan will even place an option on it before it reaches the gallery.

Presented in 2001, the first *meuble enigmatique* [cat. n° 216] was a giant, two-metre-twenty-high frame with a small video screen at its centre behind a large chunk of rock crystal. The screen is surrounded with allegories celebrating "pleasures and days," the four seasons of the year in circular cabochons, a scattering of small bucolic motifs, enamelled copper miniatures, "mawkish little scenes." Crowning the piece is an Athenian owl gripping the serpent of vitality above a stone egg worn smooth by the waves of the Indian Ocean, symbolising felicity. Taken as a whole, it resembles a gigantic piece of Renaissance enamelled-gold jewellery. A string of unconnected scenes flash by on the video screen. The weird discontinuity of these images is heightened by the distortions produced by the rock crystal through which they are viewed. Through the impurities and clouds in the crystal one glimpses in turn two boys holding hands, battle footage taken from a television news program, a trainee soliloquising in the artist's studio, chestnut trees blowing in the wind and casting "beautiful shadows," a masturbation session from a porn site and crimson embers. This contemporary imagery, these stolen moments and bits of testimony, flicker past under the owl of wisdom and the serpent of life. The back of this bizarre piece is more sombre, with streaks of blood, barbed wire and the lurid glimmer of a Chernobyl-like melt-down.

For the 2004 "Carré," Dubreuil produced an even stranger tiered work [cat. n° 260]: a kind of tabernacle perched on a console table standing in turn on a platform supported by a pediment – a piling up of disparate components that recalls the artist's beloved Piranesi-style candelabra. The pediment, wrought from a sheaf of iron reinforcing bars, is like a tree trunk, complete with a branch stump fashioned from the wavy streaks of a polished agate. Wrought-iron fossil shells litter the base of the trunk. The enamelled platform is a large square basin in which fish swim, with candle-holders protruding from its four corners. The four elements, earth, water, fire and air, blend at the foot of the tabernacle, which is spangled with motifs evoking the diversity of the universe. Garnishing the piece's upper section is an egg, a butterfly and enamel flowers, perhaps suggesting hope or the future. The tabernacle is opened by a mechanism at one end of the egg, and a small altar is revealed containing a piece of blood-red glass surrounded by a tangle of thorns. Inscribed in concentric circles in the background, a series of words allude to the ills besetting the world, and a map of the planet is studded with red dots indicating the countries afflicted by the evil released by this modern Pandora's box.

This apocalyptic image is tempered in Dubreuil's showcase piece for the following year, a huge piece of furniture which is at once a phantom and a sort of a blueprint for an ideal cabinet [cat. n° 273]. "I wanted it to have a gate. I love gates. It's big, of course, but you can slip through it. This gives it a rather abstract appearance. It's neither a gate nor a piece of furniture, which means it involves plenty of freedom" – an absolute freedom, as the massive frame appears to open on a void. From this structure two small shelves are suspended diagonally, upon which are placed a Chinese vase, a lump of cloudy rock crystal, three mother-of-pearl-and-stone flowers – sacred objects such as might adorn the domestic altar of a cult of salvagers. Placed squarely in the centre of this composition is its only "solid" and compact element, the only one to possess anything resembling a function: a small cupboard-within-a-cupboard, a microcosm within the macrocosm of the piece as a whole. A half-cylinder in the middle pivots when a small ring is pulled to reveal a secret compartment consisting of four oblong drawers. "They're an ideal cache for ingots of gold or, if you prefer, cake tins." Everything depends on how you interpret the eminently neo-Seventies inscription crowning it in rainbow-coloured enamel letters: "Love." With this *"grand meuble"* of 2005, Dubreuil has reached the zenith of his creativity, inventiveness and capacity for dreaming: feeling triumphs over function and the "beautiful shadow" has at last swooped down on its prey.

l'étrange discontinuité est accentuée par le cristal de roche qui déforme l'image. À travers les inclusions et les nuages de ce cristal qui stimule les voyantes, apparaissent successivement deux garçons qui se tiennent par la main, des assauts guerriers copiés-collés d'actualités télévisées, le monologue d'un stagiaire de l'atelier, le vent qui souffle sur des feuilles de marronnier, produisant de « belles ombres » sur le sol, une petite séance de masturbation venant d'un site porno, un feu avec des braises toutes rouges. Imagerie d'aujourd'hui, moments volés, témoignages sous la chouette de Minerve étreignant le serpent de la vie. L'envers du meuble est plus noir, plus sombre, du sang, des fils de fer barbelés, des radiations tchernobyliennes.

En 2004, apparaît une singulière pièce montée [cat. n° 260]. Un socle soutenant une plate-forme, elle-même surmontée d'une sorte de tabernacle juché sur une console. Empilement d'éléments qui retrouve celui des candélabres piranésiens chers à Dubreuil. Le socle formé de barres de fer en faisceau est comme le tronc d'un arbre dont une branche-moignon est simulée par les méandres d'une agate polie. Au bas du tronc, forgés, des coquillages fossiles. La plate-forme émaillée est comme un grand bassin avec ses poissons, aux quatre coins des branches de lumière avec leurs bougies. La terre, l'eau, le feu, l'air, les quatre éléments sont rassemblés au pied du tabernacle constellé de motifs qui évoquent la diversité du monde. Dans les hauteurs, un œuf, un papillon, des fleurs en émail : l'espoir ? l'avenir ? Si l'on tire sur un coin de l'œuf, le tabernacle s'ouvre sur un petit autel où un éclat de rouge sang en verre est monté dans un buisson d'épines. L'ensemble se dessine sur un fond de cercles concentriques de mots évoquant tous les malheurs du monde, une carte de l'univers avec des points rouges signalant les pays où se sont fixés les maux de cette moderne *Boîte de Pandore*. Le « grand meuble » de 2005 [cat. n° 273] vient tempérer un peu ces images apocalyptiques. Grand meuble qui est en même temps un fantôme de meuble, un schéma, un idéal. « Je voulais faire des grilles, j'aime bien les grilles, c'est grand, mais on passe à travers, ça devient un peu abstrait, ce n'est ni une grille ni un meuble, ce qui donne beaucoup de liberté. » Liberté absolue puisque cette immense carcasse s'ouvre sur du vide. Accrochés en diagonale, deux petites étagères avec un vase chinois, un cristal de roche fumé, trois fleurs en pierre dure et en nacre sont les autels domestiques de la récupération. La seule partie « solide », compacte, qui pourrait répondre à une fonction est au centre de la composition, petite armoire dans la grande, microcosme dans le macrocosme, emboîtement, télescopage. En tirant un petit anneau, le demi-cylindre central pivote et découvre le compartiment secret formé de quatre tiroirs de forme oblongue : « Idéal pour placer des lingots ou si l'on préfère des moules à cake. » Tout dépend de l'interprétation que l'on fera de l'inscription placée en lettres émaillées arc-en-ciel, « Love », très néo-soixante-dix. Avec son grand meuble de 2005, Dubreuil atteint un sommet de son art, le rêve, l'invention, l'émotion l'emportent sur la fonction, et la belle ombre sur la proie.

Porte de l'Inde, 2001 [cat. n° 216].

Double page suivante :
sculpture *Boîte de Pandore*, détails [cat. n° 260].

The Dordogne and China

When Dubreuil decided to return to France in 1992, it was towards the Dordogne that his steps led. His parents had bought a château there in the Fifties, and had had it restored with all the rigorous energy of that era. The archaeological purism of the French national heritage accorded perfectly with the modern aesthetics of those biologists from Lyons. It was, in short, a real château, but a château with all the modern conveniences, stripped of its nineteenth-century trappings, restored to its original beauty. Its situation and the outbuildings on its grounds are more evocative of a Roman "villa," in other words a large agricultural estate, than a holiday home. The land surrounding it was long covered with vineyards and farm buildings devoted to winemaking. Until the arrival of railways and the phylloxera epidemic, its modest wine was consumed throughout France. The development of transportation systems and the demands of the market eventually concentrated winegrowing in other parts of the country. But a few vineyards lingered on at Mareuil and André still recalls grape harvests on the family estate.

In the eighteenth century, the château was done up in the style of the time by a certain Gratereaux des Grauges, a farmer-general, or tax collector – a man who could afford to embellish his house with no heed to cost. He had the closed courtyard opened up and provided it with gates. Outbuildings were torn down and rebuilt on the sides to clear a vista, and a classically regular park was laid out. In the nineteenth century, the park was adapted to the then-fashionable irregular "English" style, and it now merges seamlessly with the woodlands surrounding it. It is here that André goes for his walks, collecting whatever "curiosities" he finds to adorn his bookshelves: weathered animal skulls, odd stones and bits of twisted wood. A couple of meadows are the only fenced-in part of the property, the home of a horse and a donkey beloved by the holidaying children of the family.

The artist's bedroom, his room as a boy, overlooks the park. Located in one of the château's older towers, it is somewhat isolated from the rest of the dwelling. It is a world of its own, one that Dubreuil can withdraw to, amid the whisperings of his clocks and the music of his CD collection. His sitting-room and office are in the same wing, in a former kitchen whose immense fireplace recalls the boar and venison roasting on a spit in former times. It is here that Dubreuil receives his telephone calls and internet messages, those tenuous links to the outside world, in rare moments when he chooses to connect his phone and computer. It is here that his books, photographs and souvenirs find a home; here that he entertains his friends, chatting leisurely with them by the fireside or, in summer, in the coolness afforded by the château's thick walls. Here too that the decorator's recent past can be pieced together. The rest of the château is the domain of his family and their furniture. André's parents still have their quarters here, and in summer the stately house can lodge up to fifty brothers and sisters, nieces and nephews. "Oncle André" is an ideal bachelor uncle, attentive, affectionate and understanding.

Though there are no longer any vineyards at Mareuil, the estate still rings with the clamour of Dubreuil's workshop and the voices of his assistants, in a building where the vineyard hands were formerly housed, at the end of an old track leading down from the château. The building is presently divided between a guest room André sometimes retreats to when he wants to be alone and the studio itself, where a handful of helpers keep busy. Forging and ironwork, ceramic work and enamelwork are all done in the workshop; bronze-casting alone is done elsewhere. André likes to have everything he needs within reach, which is why his few experiences with outside artisans (the Sèvres porcelain factory and the Daum crystal works) were partial failures. He has no patience with administrative delays and insists on being present when a job is being done for him. His standards are exacting (Daum's efforts to cater to the public at large, notwithstanding their "exceptional craftsmen," exasperate him). A few of the icons of masculine work places are scattered around the premises, such as a Pirelli pin-up calendar or a French rugby poster (the Dordogne is rugby country, after all). More surprisingly, the workshop's walls are also adorned with the Stations of the Cross in coloured plaster, cast offs from a church refurbished in the Fifties and a reminder of the religiosity that bathed much of Dubreuil's childhood in Lyons. The muscular pose of some of the figures in these sacred images betrays the influence of the pagan models formerly held up as examples in fine arts academies.

Unwittingly faithful to his Ruskinian persuasion (though he admits to never having read any of the English art critic's books), Dubreuil is determined to have his studio be a place of pleasure and creation. There is no question of him letting his assistants specialise in their respective fields. Everyone in the workshop, including André himself, is expected to be able to do every task and to switch jobs or techniques as required by the work in progress. There are, of course, chores that have to be done, and these are sometimes assigned to this or that worker as a penalty for some minor misdemeanour, but by and large all the members of Dubreuil's team are trained to do everything – forging, cutting, assembling, building, brazing, shearing. The only material exclusively worked by the master is the metal sheeting, delicate as skin, which he insists on smearing with oil, tinting, ornamenting, tattooing and scoring personally. Under his fingers, enamelled decorations and bits of glassware find their final resting place, ornaments are elaborated, metal stirs into life and shadows dance.

Drawn by the magical name "Dordogne", Dubreuil's initial team of English helpers followed him to France and, following a summer of long, hot days, parties, excursions and new discoveries, they settled happily in Mareuil. But the first cold winds of winter sent them flocking back to London. It was a local man,

Le Périgord et la Chine

Quand Dubreuil décide de rejoindre la France en 1992, c'est pour gagner le Périgord où il sait pouvoir s'installer confortablement. Ses parents y ont acheté un château dans les années cinquante, restauré avec l'énergie rigoureuse d'alors, l'esthétique moderne des biologistes lyonnais s'accordant parfaitement avec le purisme archéologique des Monuments historiques. Bref, un château, mais un château moderne doué de tout le confort, débarrassé du reste de son décor XIXe, rendu à sa beauté idéale d'origine, entre le XVIIIe siècle et la Haute Époque, pour reprendre un terme alors fort à la mode. Car la maison est ancienne, des tours rondes qui flanquent la façade sur le parc en témoignent. Son site, lui aussi, fait état de différentes constructions qui évoquent plus la villa romaine, c'est-à-dire le domaine agricole, que le lieu de villégiature. Pendant longtemps, ce domaine a été dévolu à la vigne, avec tous les bâtiments destinés à sa fabrication. Toute la France, jusqu'à l'invention du chemin de fer et l'arrivée du phylloxéra, un redoutable parasite, buvait son petit vin local. Puis le développement des transports, les exigences du marché ont concentré la viniculture. Mais la vigne avait survécu à Mareuil et André a encore des souvenirs de vendange.

Au XVIIIe siècle, le château a été mis au goût du jour par un certain Gratereaux des Grauges, « fermier général », c'est dire receveur des impôts, un homme qui pouvait dépenser sans compter pour ennoblir la maison. C'est lui qui ouvre la cour et la dote d'une grille, déplace les communs sur les côtés, crée un parc régulier. Ce parc est modifié au XIXe, il devient irrégulier, à l'anglaise, et se fond aujourd'hui avec son environnement boisé où André aime se promener et collectionner quelques curiosités qui viennent enrichir les rayonnages de sa bibliothèque : crânes de bêtes polis par le temps, bois trouvés, pierres. Seuls

La fontaine de l'atelier.

Les gars de l'atelier : Richard, André, Joseph, David (accroupi), Ami (le chien), Antoine et Didier.

Plaques de cuivre.

Didier, a member of the team from the very first, who had even started to learn English, who saved the situation. A plumber by training, an expert in welding techniques, extremely resourceful, a perfectionist and kind to boot, Didier encouraged Dubreuil to innovate. "Thanks to him we came up with new techniques for making shells. He's always on the look out for better ways of doing things, little tricks, innovations. He combines invention with precision." Eventually, new workers showed up. Local parents came to Monsieur André with their sons fresh from getting their vocational training certificate. Soon they were joined by other would-be helpers, men who already had a trade, plumbers, artisans skilled in the crafts that enhance life and eager to learn and to create. "Next I enrolled a series of apprentices in the 'Compagnons du Devoir' smithing and ironworking program in Périgueux. As trainees, they divided their time between their work for the program and my workshop." A survival of the old "journeyman" tradition, this kind of apprenticeship was ideally suited to the work Dubreuil had to offer.

Occasionally, the tranquil rhythm of Dubreuil's life in the Dordogne, the ebb and flow of his "works and days," is interrupted by a journey to other parts, Paris, of course, but of late especially China, where he has a number of clients. He feels energised by the dynamism of the Chinese, so different from the pessimism of his fellow French. "I love their optimism. They have a jovial side. Like the French, they love to eat and enjoy life, and thanks to a better diet they have grown taller and better looking. They find everything a pretext for experimenting and innovating. As soon as you leave Shanghai behind you feel you have entered another world. Their traditional scorn for foreigners seems to have turned into curiosity and interest." Dubreuil's Chinese clients are successful and in their forties, and while their homes have yet to be featured in Western magazines, they sometimes have the imagination to bring together objets that no Westerner would dare to combine.

enclos, deux près sont destinés à un cheval et à un âne, idole des enfants pendant les vacances. C'est sur ce parc que donne sa chambre, sa chambre d'enfant qu'il a conservée. Située dans une de ces tours plus anciennes, elle est un peu à part de la maison, un monde en soi où le créateur peut s'isoler au rythme de ses pendules et de la musique de ses CD. Dans la même aile, son bureau-salon, l'ancienne cuisine avec son âtre immense où de belles flambées rappellent les bêtes qui rôtissaient lentement autrefois. C'est là qu'atterrissent le téléphone et l'Internet, fragiles liens avec le monde extérieur, souvent déconnectés. C'est là que s'accumulent les livres, les photos, les souvenirs, c'est là que l'on reçoit les intimes et que l'on peut causer tranquillement au coin du feu ou, l'été, dans la fraîcheur offerte par l'épaisseur des murs. C'est là encore que l'on perçoit le passé récent du décorateur. Par ailleurs le château est dévolu à la famille et à leurs meubles. Les parents d'André ont toujours leur appartement, les frères et sœurs, neveux et nièces peuvent l'été atteindre la cinquantaine. Il y a même un dortoir pour les garçons et un pour les filles. Oncle André est un modèle d'oncle célibataire, attentif, affectueux, compréhensif. À Mareuil, on pourrait écrire un volume supplémentaire des *Vacances* de la comtesse de Ségur, cette perle de la « Bibliothèque rose » conservée précieusement par André.

S'il n'y a plus de vignes à Mareuil, il y a l'atelier de Dubreuil et de ses compagnons. On peut le joindre du château par un vieux chemin, puisqu'il était autrefois la résidence des vignerons qui travaillaient sur place toute l'année. Aujourd'hui, l'atelier se partage entre une chambre d'amis, où André s'isole parfois, et une pièce où s'affairent près de six compagnons. Forge, serrurerie, céramique, émaux, tout est réalisé à l'atelier, sauf les éléments de bronze qui sont fondus à l'extérieur. André aime avoir tout sous la main, c'est pourquoi ses quelques expériences avec des entreprises extérieures (la manufacture de Sèvres ou la cristallerie Daum) ont été des demi-échecs : lenteurs administratives, exécutions faites en son absence, « volonté (pour Daum) de faire grand public, alors qu'ils ont des artisans exceptionnels ». Quelques icônes inhérentes à ces lieux de travail masculins l'animent, comme les pin-up du calendrier Pirelli, tempérées par le calendrier des rugbymen du Stade français, après tout nous sommes dans la région. Scandant les murs, une série de stations d'un chemin de croix en plâtre colorié, épave d'une église mise au goût du jour dans les années cinquante, souvenir des bondieuseries lyonnaises de l'enfance. Dans ces images saintes, quelques poses musculeuses dénoncent la culture païenne du sculpteur des beaux-arts.

Fidèle, inconsciemment, à ses convictions ruskiniennes (qu'il avoue n'avoir pas lu), Dubreuil veut que l'atelier soit un lieu de plaisir et de création. Pas question de spécialiser les compagnons selon leurs qualifications. Chacun, André y compris, doit savoir tout faire et changer de tâche et de technique selon l'état d'une pièce. Il y a bien sûr quelques besognes rebutantes,

SÉCURITÉ
GAZ
GÉNÉRALE

parfois données comme des gages, mais généralement tout le monde est formé à tout, forge, coupe, assemble, construit, brase, cisaille. Seule la peau de métal est l'apanage du maître qui se charge de l'oindre, de la teindre, de l'orner, de la tatouer, voire de la scarifier. Sous ses doigts, les émaux et les verres trouvent leurs places, les ornements se développent, les métaux s'animent et vivent, les ombres jouent.

Séduits par le nom magique de Périgord, les compagnons anglais avaient dans un premier temps suivi André et, l'été aidant les fêtes, les promenades, les découvertes, s'étaient installés à l'automne. Mais ces cigales citadines n'ont pu supporter la première bise et ont toutes regagné Londres. C'est un gars du pays, Didier, intégré dans l'équipe dès le début et qui s'était même mis à l'anglais, qui sauve la situation. Plombier de formation, bon connaisseur de techniques de soudure, extrêmement débrouillard, gentil, perfectionniste, il pousse à l'innovation. « Grâce à lui, dans le domaine des carcasses, on a trouvé de nouvelles techniques, il est à l'affût des trouvailles, des petits trucs, il allie l'invention et la précision. » Puis les nouveaux sont arrivés. Les familles du coin sont venues présenter à monsieur André leurs petits, munis à peine d'un CAO. D'autres, déjà dans la vie professionnelle, plombiers, artisans de la vie de tous les jours, mais désireux d'apprendre et de créer, les ont rejoints. « Puis j'ai eu des apprentis que j'ai mis chez les compagnons du devoir de Périgueux, dans le domaine de la ferronnerie, de la serrurerie, un système d'alternance de stages entre l'atelier et chez eux. » Cette survivance de l'artisanat traditionnel est parfaitement en phase avec le type de travail proposé par l'atelier Dubreuil.

Le rythme calme du Périgord, l'alternance des « travaux et des jours » sont cassés par quelques échappées belles. Paris bien sûr, mais surtout la Chine où l'artiste a quelques clients et dont le dynamisme, comparé à la sinistrose française, le stimule. « J'aime leur optimisme, ils ont un côté bon vivant, comme ici, ils adorent manger, vivre et, l'alimentation occidentale aidant, ont grandi et sont même devenus séduisants. Pour eux, tout est prétexte à expérimentation, à invention et, dès que l'on sort de Shanghai, on est dépaysé, il semble que le mépris traditionnel pour l'étranger ait mué en curiosité, en intérêt. » Les clients chinois de Dubreuil sont des quadragénaires qui ont réussi. Si leurs intérieurs ne méritent pas encore les honneurs de nos revues, ils savent parfois imaginer des rapprochements d'objets dont nous n'aurions pas l'audace.

Aujourd'hui ?

Entre le calme périgourdin et les voyages aux antipodes, le travail de Dubreuil progresse. Les enthousiasmes et les lassitudes jouent en faveur d'un changement perceptible chaque année dans le chef-d'œuvre du « Carré ». Malgré les commandes fastidieuses d'exemplaires éprouvés, finis et, pour l'artiste, presque stéréotypés, une tendance se devine vers des meubles et des objets plus abstraits, plus légers, plus aériens. « Dans le travail pour le dernier « Carré », avec cette grille, je sens que je vais vers la poésie, vers la transparence, j'ai l'impression de revenir au départ, j'ai tout rempli, j'ai envie de revenir à plus de vide, plus de rêve, vers moins de fonction, de terre à terre, le meuble n'est plus pour moi qu'un prétexte. » Moins liées que jamais à l'horrible fonction, si ce n'est pour s'en moquer, les créations de Dubreuil deviennent plus poétiques, plus idéales, plus symboliques, même si leurs matières sont le fruit d'une technique des plus sophistiquées. De réformiste, Dubreuil deviendrait plus esthète, si nous restons dans le « domaine anglais » qui est quand même pour lui une référence. Du sérieux des *arts and crafts* sous la bénédiction de John Ruskin, Dubreuil se dirigerait vers une vision plus précieuse, en tout cas plus dématérialisée, à la façon d'Edgard Godwin qui avait réalisé pour Oscar Wilde une salle à manger tout en tons d'ivoire et de crème. En lui envoyant son chèque, l'auteur de *Dorian Gray* avait traité ce décor de « poème immatériel ». Ou, si l'on préfère s'en tenir à l'esthétique lyonnaise, peut-être que les peintres de l'âme sont en train de l'emporter définitivement sur les peintres de fleurs. Acheter un Dubreuil aujourd'hui, c'est entrer dans son jeu, savourer les allusions, l'ironie, la citation, le non-sens. Si ses meubles et ses objets ont gardé leur coutumière discrétion, leur chant devient plus perceptible, leur poésie plus évidente même si, l'orientalisme du poète aidant, elle reste discrète, allusive, cursive.

Armoire dans l'atelier (cat. n° 259).

Commode en fabrication (cat. n° 235).

And Now?

Between the tranquillity of the Dordogne and trips to the other side of the world, Dubreuil's work continues to evolve. Year after year, his enthusiasms and moments of weariness are reflected in perceptible changes in his successive masterpieces presented at the "Carré Rive Gauche." In spite of the tedious commissions for tried-and-tested, established and, for the artist, almost stereotyped models of his furniture, one senses a growing interest in more abstract, lighter, more airy pieces. "With my gated work for the last Carré, I feel I'm moving towards poetry and transparency. I have the impression I'm coming back to my starting point. I've filled everything I could fill and now I want to come back to more emptiness, to more dreams and less function; I want to be less down-to-earth. Furniture is no longer anything but a pretext for me."

Less tied than ever to function, except to refer to it derisively, Dubreuil's creations are becoming increasingly charged with poetry, more ideal and symbolic, even when their textures are the result of extremely sophisticated techniques. The Ruskinian Dubreuil is becoming more of an æsthete (to confine ourselves to the field of English art, which is, after all, one of his major cultural references). From the high seriousness of the Arts and Crafts Movement under Ruskin's benediction, Dubreuil now appears to be inching towards a more precious, at all events more immaterial, concept of the arts, somewhat after the manner of Edward William Godwin, who embellished a dining-room for Oscar Wilde, blending cream and ivory tones in a décor which the author of the *Picture of Dorian Gray* described in a note accompanying his payment to the decorator as an "immaterial poem." Or it may be that, confining ourselves to the domain of Lyonnais æsthetics, Dubreuil is moving away from floral painting" and falling under the spell of "soul painting." In any event, to buy a Dubreuil today is to accept to play the artist's game, to savour his allusions, irony, borrowings and beguiling nonsense. While his objects and furniture have lost none of their customary elegance and tact, they now sing with a louder accent. Their poetry is more pronounced in spite of the fact that, thanks to the poet's Oriental subtlety, it remains discrete, allusive and fluid.

André Dubreuil dans son atelier.

Le four de l'atelier.

André Dubreuil et le fauteuil *Trévise*, 1988 (cat. n° 39).

Catalogue 1985–2006

1

2

1. *Trône*. Barre à béton, assise en tissu.
Coll. Georgina Godley, Londres.
2. Fauteuil *Araignée 2*. Barre à béton.
Coll. privée, Japon.

3

4

5

3. Console pieds fouet *Chicago*. Acier et lentilles de verre. Coll. privée, Paris.

4. Fauteuil *Araignée 3*. Acier et assise en soie. Coll. privée, Angleterre.

5. Trône *Musique*. Acier et assise en cuir. Coll. Mario Testino, Londres.

6

7

6. Bureau. Barre à béton.
Coll. privée, Paris.

7. Fauteuil *Ram* ou *Corne*.
Barre à béton et tube en fer plat.
Coll. de l'artiste, Dordogne.

8

9

8. Chaise *Spine*. Barre à béton et tube en fer plat. Coll. privées.

9. Fauteuil *Spine*. Barre à béton et tube en fer plat. Coll. privées.

10

10. Paravent. Acier. Coll. privée, Paris.

11. Table. Barre à béton, bois laqué, lentilles de verre. Coll. privée, Londres.

12. Fauteuil *Pour Liliane.* Barre à béton et tube en fer plat. Coll. Liliane Fawcett, Londres.

13. Candélabre. Acier et lentille de verre. Coll. privée, Londres.

14. Console. Barre à béton, cuivre, lentilles de verre, dessus de plaque de verre. Coll. privée, Londres.

15. Lampadaire. Acier, cuivre, disque de verre. Coll. privée, Angleterre.

14

12

15

13

16

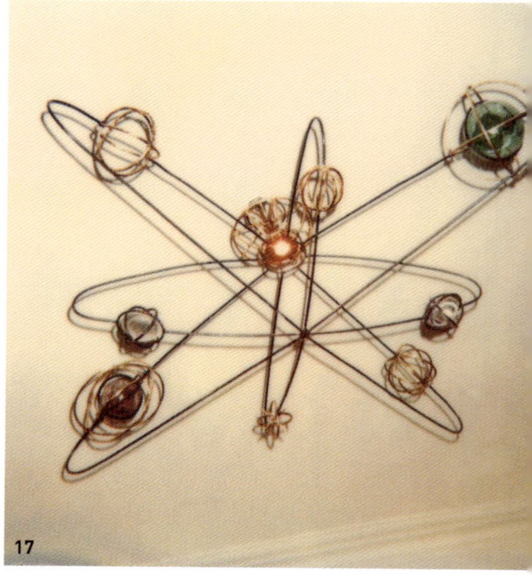

17

18

19

16. Guéridon plateau d'une paire. Barre à béton et plateau en métal peint. Coll. de l'artiste, Dordogne.

17. Lustre *Spoutnik*. Acier et verre. Coll. privée.

18. Cheminée *Araignée*. Métal et lentille de verre. Coll. Liliane Fawcett, Londres.

19. Bureau. Métal et cuir. Coll. privée, Angleterre.

20. Tabouret *Ram* ou *Corne*. Barre à béton et assise en tissu. Coll. privée.

21. Applique bougies. Acier, cuivre, lentilles de verre, miroir sorcière. Coll. privée.

23

24

25

22. Applique *Soleil*. Barre d'acier et lentille de verre. Coll. privée.

23. Chaise *Ram* ou *Corne*. Barre à béton et assise en tissu. Coll. privée.

24. Lampadaire *Pavot*. Acier, cuivre, lentille de verre. Coll. privée.

25. Pendule *Soleil*. Barre d'acier, lentille de verre, cuivre. Coll. privée, Londres.

26

26. Premier meuble plein. Acier et cuivre. Coll. de l'artiste, Dordogne.

27. Pendule *Ronce*. Morceaux de verre, acier, cuivre argenté, cuivre martelé. Coll. musée de Birmingham, Angleterre.

28. Commode médaillon. Acier forgé et cuivre brûlé. Coll. Karl Lagerfeld, Berlin.

29. Lampadaire bougies. Cuivre moucheté et verre, obus en verre. Coll. privée.

30

31

32

30. Jardinière. Acier et cuivre. Coll. privée, Toulouse.

31. Pendule *Arbuste*. Acier, vase chinois en cristal de roche, morceau de verre, perles de couleur verte. Coll. privée, Londres.

32. Pendule *Escargot*. Acier et cuivre argenté. Coll. privée, Paris.

33

34

36

33. Console d'une paire. Acier forgé, cuivre, argent. Coll. Karl Lagerfeld, Berlin.

34. Commode d'angle à tiroirs pieds griffe. Acier, cuivre, pierres dures. Coll. privée, Toulouse.

35. Table. Acier forgé, cuivre, plateau en résine. Coll. privée.

36. Pendule jaune. Acier, cuivre, perles de verre, lentille de verre. Coll. privée.

37. Pendule torsadée. Acier, cuivre, perles de verre, lentille de verre. Coll. privée.

38. Chaise *Paris*. Acier brûlé. Deux versions, vingt-quatre exemplaires. Coll. privées.

39. Fauteuil *Trévise*. Acier et fonte d'aluminium. Vingt exemplaires (un modèle en tôle, coll. de l'artiste).

40. Chaise et fauteuil *Trévise*. Acier et fonte d'aluminium. Vingt exemplaires (un modèle en tôle, coll. de l'artiste).

39

40

41

42 / 43

41. Table ronde *Paris*. Acier brûlé.
Cinq exemplaires. Coll. privées.

42. Table rectangulaire *Paris*. Acier brûlé.
Douze exemplaires. Coll. privées.

43. Tabouret rectangulaire *Paris*. Acier brûlé.
Cinq exemplaires. Coll. privées.

44. Miroir sorcière bougies. Acier forgé.
Trois versions. Coll. privées.

45. Commode pieds griffe *Bouclier*. Acier, cuivre, perles de verre, dessus en marbre.
Coll. privée, Paris.

49

50

46. Photophores perles. Acier et perles de verre.
Soixante exemplaires. Coll. privées.

47. Miroir *Bouclier*. Acier et cuivre. Coll. privée, États-Unis.

48. Pendule. Cuivre et cristal de roche.
Coll. Avant-Scène, Paris.

49. Lanterne perles. Acier et perles de verre.
Une paire bougie (coll. Renaud Pellegrino, Paris),
quinze exemplaires halogène (coll. privées).

50. Cadre. Acier et cuivre.
Coll. Danièle Mourgues d'Algues, Londres.

51

55

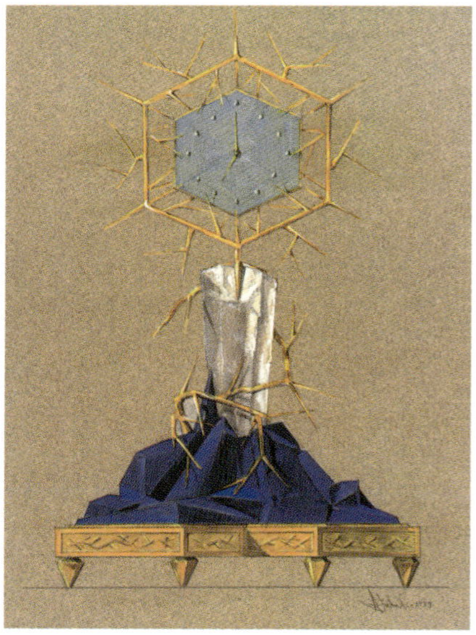

52

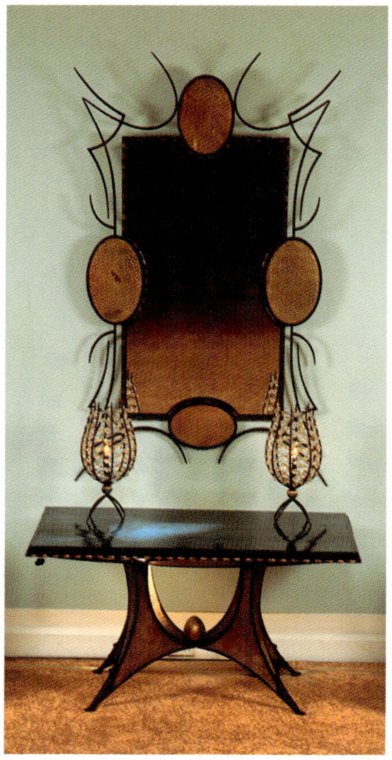

53 / 54

51. Lampe *Cornet*. Acier, cuivre, perles de verre, lentille de verre. Six exemplaires. Coll. privées.

52. Lampadaire *Cornet*. Acier, cuivre, perles de verre, lentille de verre. Cinq exemplaires. Coll. privées.

53. Miroir *Samouraï*. Acier et cuivre. Coll. privée.

54. Table. Acier, cuivre, dessus de verre bleu. Coll. privée.

55. Pendule *Épines*. Acier, cuivre, émail, cristal de roche. Coll. Anna Golin, Munich.

56

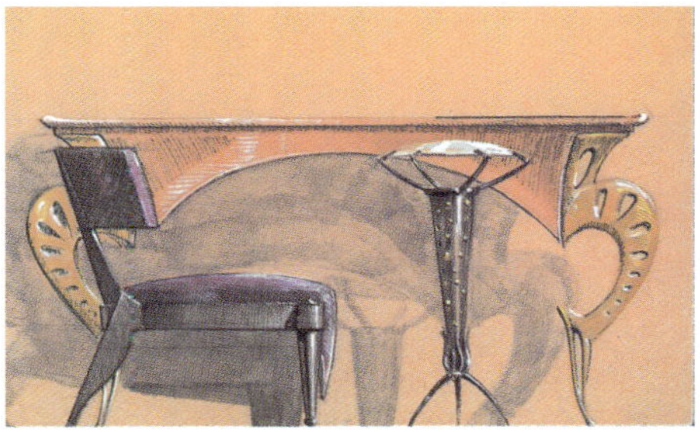

57

58

59

60

56. Bureau. Pieds en fonte gravés, dessus en cuir. Dix versions (huit en cuir et côtés en cuir, deux dessus en cuir et côtés en cuivre gravé).

57. Meuble deux corps *Batman*. Acier, cuivre gravé, émail. Coll. privée, Bretagne.

58. Secrétaire. Acier, cuivre, émail. Coll. Pauline Karpidas, Londres.

59. Pendule *Écusson*. Métal mêlé. Trois exemplaires. Coll. privées.

60. Console *Paris*. Acier brûlé et lentille de verre. Coll. Edward Elson, New York.

61

62

61. Pendule *Lion*. Acier, cuivre, émail. Coll. Danièle Mourgues d'Algues, Londres.

62. Console *Feuilles de chêne*. Acier, cuivre émaillé, plaque de verre. Coll. privée.

63. Bureau *Paris caducée*. Acier brûlé. Coll. Catherine de Seguin des Hons, France.

64. Commode *Paris*. Acier brûlé, perles de verre, cuivre, panneau de laque, dessus en granit. Coll. Edward Elson, New York.

65. Console. Acier et dessus de cuivre clouté. Coll. privée, Paris.

66. Miroir. Acier, cuivre, émail. Coll. privée, Toulouse.

67. Console pieds fouet. Acier, cuivre, émail. Six exemplaires. Coll. privées.

68

69

68. *Cabinet oriental.* Cuivre, acier, perles de verre, dessus en marbre. Coll. maître Binoche, Venise.

69. Console d'une paire. Fer forgé, cuivre, marbre. Coll. galerie Mougin, Paris, et coll. privée, Paris.

70. Pendule. Acier, cuivre, émail. Coll. maître Binoche, Venise.

71. *Lanterne orientale.* Acier, cuivre, verre. Deux exemplaires. Coll. galerie Mougin, Paris, et coll. maître Binoche, Venise.

72. Poignée de porte galerie Mougin. Acier, cuivre, émail vert.

70

71

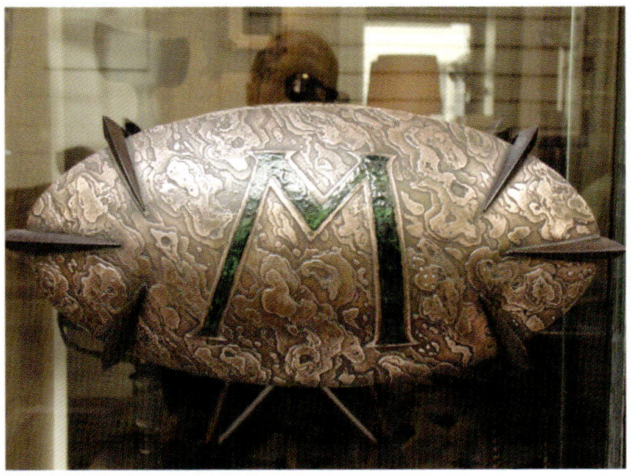

72

73

73. Bureau pieds gravés. Bronze, cuivre gravé, dessus en cuir. Coll. privée.

74. Torchère d'une paire. Acier et boule de cuivre émaillé. Coll. privée, Paris.

75. Table de salle à manger. Acier et verre bleu. Deux versions. Coll. privées.

76. Paire de semainiers. Acier, perles de verre, cuivre, émail, dessus en marbre. Coll. privées, Paris, Londres.

77. Guéridon pieds échelle. Acier et verre. Cinq exemplaires (quatre avec dessus bleu et un avec dessus orange). Coll. privées, Londres, Paris.

76

75

77

78

79

78. Vase *Macao* (bleu). Acier et cristal.
Soixante-quinze exemplaires.

79. Vase *Shanghai* (vert). Acier et cristal.
Soixante-quinze exemplaires.

80. Vase *Chantilly* (transparent). Acier et cristal.
Soixante-quinze exemplaires.

81. Série *Lacrima*. Vase, coupe, applique, lampadaire. Verre, cristal, piètement en bronze. Prune, transparent et bleu. Cent exemplaires numérotés par couleur.

82

84

85

83

86

2. Table d'apparat. Acier, cuivre, albâtre ou marbre. Six versions (cuivre ou argenté). Coll. privées.

3. Pendule. Acier, cuivre, bloc de verre de couleur. Coll. privée, États-Unis.

4. Bureau cylindre de cuivre. Acier, laiton, cuivre gravé, plaque de verre rouge. Coll. privée, Paris.

5. Poignées de porte. Acier et émail. Coll. privée, Paris.

6. Torchères *Quatre Saisons*. Marbre, bronze, acier, cuivre, lentilles de verre. Coll. Mme Sao Schlumberger, Paris.

7. Tapis. Laine (4 x 3 mètres). Pour la galerie Yves Gastou. Coll. privée, Paris.

8. Sac *Kelly Hermès* en version *Paris*. Réalisé pour la vitrine de la galerie Mougin, Carré Rive Gauche. Acier brûlé. Coll. de l'artiste, Dordogne.

87

88

89

89. Boîte à bijoux sur pieds. Acier et émail très coloré. Coll. privée, Paris.

90. Boîte à bijoux sur pieds. Acier et émail vert. Réalisée pour la Biennale de Limoges. Coll. maître Binoche, Venise.

91. Miroir *Feuilles de chêne*. Acier, cuivre, émail. Coll. maître Binoche, Venise.

92. Meuble d'appui. Acier, cuivre, émail, dessus en marbre. Coll. M. Fifield, New York.

93. Appliques *Feuille*. Cuivre argenté. Six exemplaires à la main, vingt exemplaires coulés en fonte d'aluminium argenté. Coll. privées.

94. Grande commode pieds lion *Tournesols*. Acier, cuivre, émail. Coll. privée, Allemagne.

92

94

95

9

95. Cabinet d'église. Acier et cuivre. Coll. privée, Paris.
96. Petit meuble *Branche de chêne*. Acier, cuivre, dessus en marbre. Coll. privée, Paris.
97. Lampe. Acier ajouré et cristal de roche. Coll. privée, Paris
98. Petite console. Acier et cuivre. Coll. privée.
99. Paire de lampes *Obélisque*. Cuivre, verre, triangles de cristal. Huit exemplaires. Coll. privées.
100. Tabourets *Enclume*. Acier. Deux versions (couleur bronze et série *Paris*). Coll. privées.
101. Miroir. Acier, cuivre ou galva. Quatre versions. Coll. privées.
102. Bureau pieds ajourés. Bronze et cuivre. Coll. Pearl Lam, Hong-Kong.

96

101

100

102

106

107

103. Miroir. Acier et cuivre. Coll. privée.

104. Appliques *Disque*. Acier et cuivre. Six exemplaires, ampoules et bougies. Coll. privées.

105. Applique *Disque*. Acier et cuivre. Six exemplaires, ampoule. Coll. privées.

106. Grande table *Paris*. Acier brûlé et dessus de cuivre marqueté émaillé. Coll. privée, Paris.

107. Pendule *Calligraphie*. Acier, cuivre, disque de jade, émail. Coll. privée, Paris.

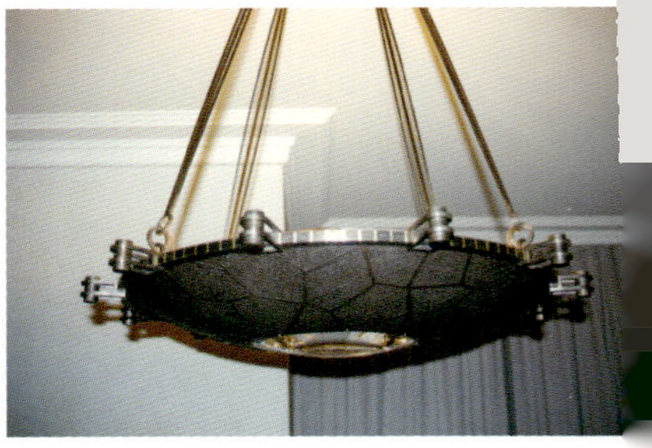

12

114

113

115

108. Commode. Acier, cuivre, dessus en marbre. Coll. Nelson Woo, Londres.

109. Lustre. Acier et cuivre. Coll. privée, Paris.

110. Lampadaire. Acier, cuivre, perles de verre. Coll. privée, Paris.

111. Petit meuble d'une paire. Acier, cuivre, émail, perles de verre. Coll. privée, Paris.

112. Cabinet *Tournesols*. Acier, cuivre, émail. Coll. privée, Allemagne.

113. Meuble à argenterie *Wagon*. Acier, cuivre, poignées d'émail. Coll. Mme Davis, Angleterre.

114. Grande armoire *Tournesols*. Acier, cuivre, lapis-lazuli. Coll. Mme Davis, Angleterre.

115. Console *Cuisinière*. Acier, cuivre, dessus en marbre. Coll. Mme Davis, Angleterre.

116

117

118

116. Pendule *Sextant*. Acier, cuivre, lentille de verre. Coll. M. Fifield, New York.

117. Table pieds échelle d'une paire. Acier, cuivre ajouré, dessus marqueté. Coll. privées, Paris.

118. Rampe. Fer forgé. Coll. privée, Paris.

119. Commode *Coquillages*. Acier, cuivre, dessus en marbre. Coll. privée, Paris.

120. Bureau *Alice au pays des merveilles*. Acier, cuivre, dessus de cuivre. Coll. Nelson Woo, Londres.

121. Buffet pieds lion. Acier, cuivre, pieds en bronze, émail, dessus en marbre. Coll. privée, Israël.

122. Console. Acier, médaillon en marbre, dessus en marbre. Coll. privée, Paris.

123. Paire de consoles pieds fouet. Acier, cuivre, dessus en marbre. Coll. privée. Toulouse.

119

120

121

122

123

124

125

126

124. Grand guéridon. Acier, pierres, cuivre marqueté. Coll. Nelson Woo, Londres.

125. Lampe. Acier, cuivre gravé, cristal, perles de verre. Coll. privée.

126. Commode *Mongole*. Acier, cuivre martelé et gravé, émail, dessus en marbre. Coll. privée, Paris.

127. Maison Fifield, Aspen. André Dubreuil a dessiné l'ensemble de la salle à manger : murs de bois et plaques de cuivre gravées, plafond en béton, tables et chaises, lustre à fibres optiques, quatre lampes et huit bougeoirs.

128

128. Console pieds échelle. Acier, cuivre ajouré, dessus marqueté. Coll. privée, Paris.

129. Paire de torchères. Fer forgé, socle en marbre, barres d'acier, cuivre perforé. Coll. privée, Paris.

130. Console longue *Paris*. Acier brûlé. Coll. privée, Portugal.

131. Guéridon *Paris*. Acier brûlé. Coll. Peter Marino, États-Unis.

132

133

136

139

132. Commode *Table de sacrifice*. Acier et cuivre. Coll. privée, Paris.

133. Pendule. Acier, cuivre, verre. Coll. privée.

134. Console. Acier et cuivre. Deux versions similaires. Coll. privée, New York.

135. Console. Acier, cuivre gravé, émail industriel. Coll. privée, Paris.

136. Meuble-paravent. Acier, cuivre, laque japonaise. Coll. privée, Belgique.

137. Petit guéridon. Acier et cuivre. Dix exemplaires avec des gravures différentes.

138. Miroir. Acier, cuivre, émail. Coll. privée, Paris.

139. Meuble d'angle. Acier, panneaux Coromandel (laque chinois). Coll. de l'artiste, Dordogne.

140

14.

141

140. Bureau. Acier, cuivre, émail, battant en cuir bleu. Coll. Mme Davis, Londres.

141. Table. Acier, cuivre, dessus en marqueterie de noyer. Coll. Tina Turner, France.

142. Table bistrot. Acier, cuivre, émail. Coll. privée, Washington.

143. Petite commode. Acier, cuivre, œil de tigre, dessus en marqueterie d'émail. Coll. privée, Allemagne.

144. Lanterne. Acier et perles de verre. Coll. privée.

145. Console. Acier, cuivre gravé, émail industriel. Coll. privée, Paris.

146. Console pieds de biche. Acier et cuivre. Coll. privée, Paris.

147. Grande armoire à caissons. Acier, cuivre, émail. Coll. Edward Elson, Palm Beach.

146

147

148

149

150

151

148. Applique bougie. Acier et perles de verre.
Deux paires. Coll. privées.

149. Plafonnier *Disque*. Acier et cuivre.
Coll. Tina Turner, France.

150. Petit miroir *Feuille de chêne*. Acier et émail.
Coll. privée, Paris.

151. Miroir. Acier et cuivre. Coll. privée, Paris.

152. Coiffeuse. Acier, cuivre, émail. Coll. privée, Paris.

153. Lampe. Acier, cuivre, émail rouge.
Deux exemplaires. Coll. privée, Portugal.

154. Pendule. Acier, cuivre, émail, jade.
Deux exemplaires. Coll. privées,
Bruxelles, Londres.

155. Grande pendule. Acier, cuivre, jade.
Coll. privée, New York.

152

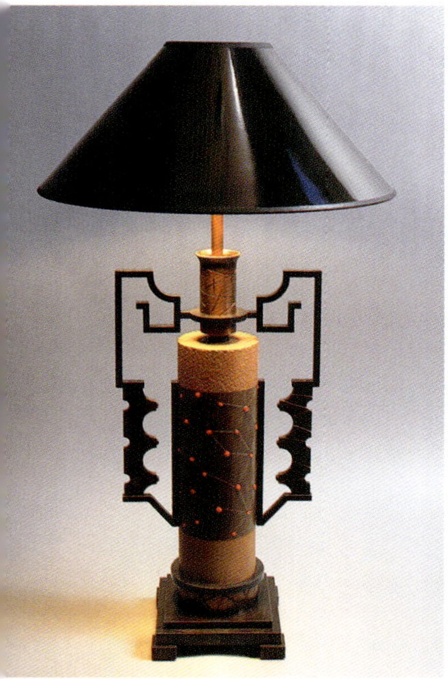

53

154

155

156

158

159

160

156. Armoire. Acier, cuivre, émail bleu. Coll. privée, Allemagne.

157. Lustre *Obélisque*. Acier, émail blanc, biscuit sèvres. Coll. de l'artiste, Dordogne.

158. Sculpture *Tabernacle*. Acier, cuivre, émail. Coll. privée, New York.

159. Tabouret *Betsy* d'une paire. Acier. Deux versions (brun métallisé et brûlé), douze exemplaires. Coll. privées.

160. Petit guéridon piètement grille. Acier, cuivre, dessus d'émail bleu. Coll. privée, Bordeaux.

161. Grand guéridon. Acier, cuivre, dessus d'émail vert, piètement d'émail. Coll. Edward Elson, New York.

162. Secrétaire. Acier, cuivre, émail. Coll. privée, Suède.

163. Meuble d'appui. Acier et cuivre. Coll. privée, Suède.

164. *Cabinet gothique*. Acier, cuivre, émail. Coll. privée.

165. Applique et lampe *Dentelle*. Acier et grille d'émail. Coll. galerie Mougin, coll. maître Binoche, Paris.

157

161

162

164

163

165

166

167

168

169

166. Guéridon *Feuilles de chêne*. Acier, cuivre, dessus en marqueterie d'émail, piètement de cuivre émaillé. Coll. privée.

167. Table basse *Paris*. Acier brûlé. Coll. privée, Paris.

168. Fausse paire de lampes *New York*. Acier, cuivre, émail. Coll. privée, Paris.

169. Console. Acier et cuivre. Coll. maître Binoche, Paris.

170. Paire de torchères *Spoutnik*. Acier, cuivre, émail. Coll. Mme Schlumberger-Brown, Texas.

171. Commode rouge. Acier, cuivre, émail, dessus de plaques émaillées. Coll. privée, Paris.

172. Miroir *Corail*. Acier forgé, grille de cuivre, émail. Coll. privée, Paris.

173. Pendule *Franc-Maçon*. Acier, cuivre, émail. Coll. privée.

170

172

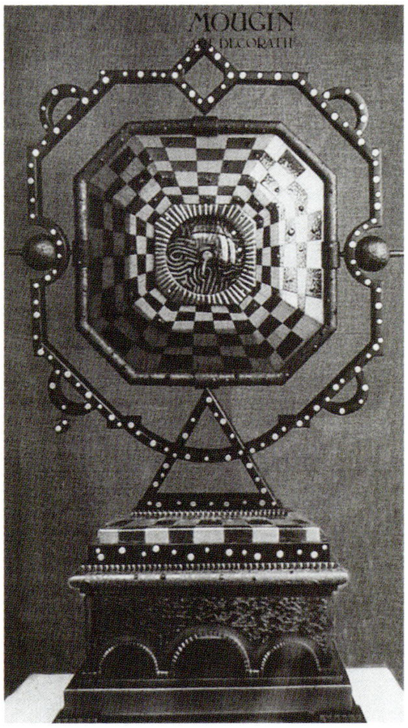

173

174

175

180

74. Paire de guéridons Gruyère. Acier et plateau de cuivre. Coll. privées.

75. Table *Zen*. Acier et pierre blanche. Coll. Stern, New York (deux autres versions avec plateau en bois, coll. privées, Paris).

76. Cabinet grille. Fer forgé, émail blanc, dessus en marbre. Coll. privée, Paris.

77. Boîte à bijoux *Gruyère*. Acier, cuivre, émail. Coll. privée, Allemagne.

78. Console *Demi-lune*. Acier, cuivre, émail. Coll. privée, France.

79. *Cabinet chinois*. Acier, cuivre, émail. Coll. privée, Paris.

80. Console. Acier, cuivre, émail. Coll. Mme Davis, Angleterre.

81. Guéridon. Acier et galva. Coll. privée, Paris.

82. Chaise *Grousset*. Acier brûlé. Vingt-cinq exemplaires. Coll. privées.

181

182

183

183. Commode. Acier, cuivre, panneau de laque. Coll. privée, Paris.

184. Paravent et cheminée. Acier massif et panneaux de cuivre. Coll. Pierre Chrétien, Dordogne. Photographie publiée dans le catalogue Habitat, 2003-2004.

185. Applique. Cuivre découpé et perles de verre. Coll. privée, Paris.

186. Applique. Métal galvanisé, structure en acier patiné. Coll. privée, Paris.

187. Pendule. Acier, perles de verre, émail. Deux versions. Coll. privée, Angleterre.

188. Console. Acier et cuivre. Coll. privée, Allemagne.

189. Paire de torchères. Acier, cuivre, verre. Coll. privée, Belgique.

185

186

187

188

189

190. Miroir. Acier, cuivre, cabochons de cristal de roche. Coll. privée, Toulouse.

191. Ordinateur. Acier, galva, perles de verre, cabochon de cristal. Deux exemplaires. Coll. privées, Paris.

192. Vase, bougeoir *Fleur*. Acier, cuivre, cabochon de verre, fleur en améthyste. Coll. privée, Paris.

193. Pendule bougies. Acier, cuivre, vase de Murano. Coll. Lavilette, Paris.

194. Table. Dessus en chêne avec cercles d'acier et piètement en acier. Coll. privée, Paris.

195. Pouf et siège *Frou Frou*. Acier. Deux modèles de pouf de tailles différentes, trois exemplaires du siège.

196. Lampe. Acier. Cinq exemplaires. Coll. privées.

197. Guéridon *Gruyère*. Acier. Coll. privée, Paris.

198. Meuble deux corps *Araignée*. Acier sablé et galva gravé à l'acide. Coll. privée, Paris.

190

191

192

195

196

197

198

199

202

203

200

204

201

199. Vitrine grille. Acier, émail blanc, céramique, piètement en plaques d'acier gravé. Coll. Mme Ergas, Miami.

200. *Cabinet rouge*. Acier et plaque émaillée rouge. Coll. privée, Belgique.

201. Miroir. Acier et galva. Coll. Karpidas, Grèce.

202. Lustre *Corail*. Corail, nacre, cuivre gravé, structure acier. Coll. privée, Paris.

203. Miroir *Tortue*. Acier et cuivre. Coll. privée, États-Unis.

204. Pendule *Corail*. Acier, corail, coquillage, lentille de verre. Coll. Mme Ergas, Miami.

207

208

205. Coffre-télévision. Acier et émail.
Coll. privée, Paris.

206. Table ronde. Acier et émail.
Coll. privée, Paris.

207. Lanterne d'une paire. Acier, cuivre, émail, perles de verre.
Coll. Lavilette, Paris.

208. Lampe *Ailettes*. Acier patiné.
Coll. privée, Paris.

209

210

209. Lanterne. Acier, cuivre, verre. Coll. privée, Paris.

210. Bureau *Tour Eiffel*. Acier et dessus en galva. Coll. privée, Paris.

211. Pendule *Ostensoir*. Acier, cuivre, émail, lentille de verre. Coll. privée, New York.

212. Pendule sur pieds. Acier, cuivre, émail, cabochon de cristal. Coll. privée, Paris.

213. Vase. Cuivre et émail. Coll. privée, Paris.

214. Lampe. Acier et plaque d'onyx. Coll. privée, Paris.

215. Paire de guéridons double plateau. Acier et cuivre. Commanditée par Peter Marino, New York.

216. *Porte de l'Inde*. Acier, cuivre, pierres, émail, cristal de roche, lingam. Coll. privée, Paris.

3

214

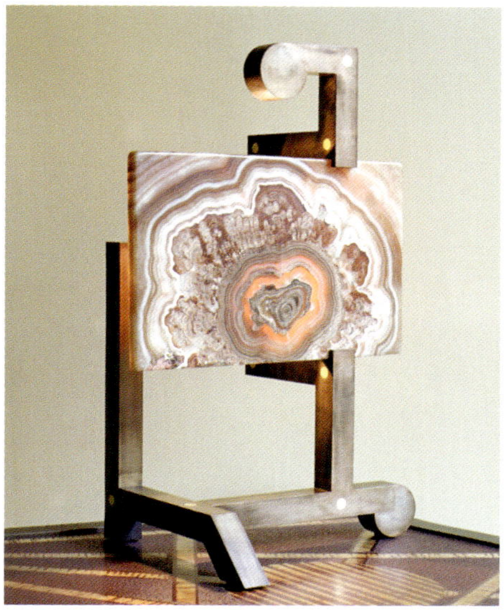

215

216

217

218

219

220

226

217. Applique-bougeoir. Acier, cuivre, émail. Coll. privée, Paris.
218. Meuble de salle de bains. Acier, cuivre, émail. Coll. privée, Bruxelles.
219. Suspension *Feuille*. Acier et émail. Coll. privée, Paris.
220. Miroir *Tournesols*. Acier, cuivre, émail, cristaux de roche. Coll. privée, Suisse.
221. Paire de commodes. Acier, cuivre, dessus en marbre. Commanditée par Peter Marino, New York, coll. M. Miller, Palm Beach.
222. Cabinet d'une paire. Acier et cuivre. Coll. privée Peter Marino, New York.
223. Table basse. Acier et galva gravé. Coll. privée, Londres.
224. Colonne porte-cristal. Acier, cuivre, cristal de roche. Coll. privée, Paris.
225. Lampadaire *Virus*. Acier et cuivre. Coll. privée, Paris.
226. Applique d'une paire. Acier et cuivre. Coll. privée, Paris.
227. Guéridon hexagonal d'une paire. Acier et cuivre. Coll. Peter Marino, New York.

227

228

230

231

229

234

237

228. Applique-bougeoir. Acier et perles de verre. Quatre paires. Coll. privées, Paris.

229. Guéridon d'une paire. Acier et cuivre. Coll. privée, Paris.

230. Miroir rond. Acier, cuivre, émail. Coll. privée, Paris.

231. Applique d'une paire. Acier et cuivre. Coll. privée, Paris.

232. Lustre *Cravate*. Acier et cuivre. Deux versions. Coll. privées, Paris.

233. Lustre. Acier, cuivre, cristal de roche. Coll. privée, Paris.

234. Paire de commodes. Acier et cuivre. Commanditée par Peter Marino, New York.

235. Paire de commodes. Acier, cuivre, dessus en marbre. Commanditée par Peter Marino, New York. Coll. M. Miller, Palm Beach.

236. Console d'une paire. Acier et cuivre. Coll. privée, Paris.

237. Meuble deux corps. Acier sablé et galva gravé. Coll. privée, Paris.

238

240

239

238. Table de salle à manger. Acier, cuivre, émail orange. Coll. privée, Londres.

239. Commode d'une paire. Acier, cuivre, émail, laque, dessus en marbre. Coll. Peter Marino, New York.

240. Miroir. Acier et cuivre. Coll. privée.

241. Paire d'armoires. Acier, cuivre, pierres dures, laque. Coll. privées, Allemagne, Suisse.

242. Guéridon trois plateaux. Acier et cuivre. Série. Commandité par Peter Marino, New York.

243. Fausse paire de consoles. Acier et cuivre, pieds et plateaux différents. Commanditée par Peter Marino, New York. Coll. privée, New York.

244. Buffet. Acier et cuivre. Coll. privée, São Paulo.

245. Lanterne-panneaux d'une paire. Acier, cuivre, perles de verre. Coll. privée, Paris.

242

245

243

244

246

248

249

250

247

253

254

246. Grande lanterne *Hélice*. Acier, cuivre, perles de verre. Coll. privée, Allemagne.

247. Lampe mappemonde. Acier et cristal de roche. Coll. privée, Paris.

248. Guéridon *Saturne*. Acier, cuivre, émail. Coll. privée, Paris.

249. Paire de torchères bougies. Acier, cuivre, perles de verre. Coll. privée, Allemagne.

250. Lampe veilleuse. Acier, cuivre, verre. Coll. privée, Paris.

251. Commode violette. Acier et cuivre. Coll. privée, Paris.

252. Miroir. Acier, cuivre, émail. Coll. privée, Paris.

253. Pendule *Tortue*. Acier, cuivre, perles de verre, nacre. Coll. privée, Paris.

254. Table de salle à manger. Acier, cuivre gravé, plateau d'émail. Coll. privée, États-Unis.

255

256

260

261

262

255. Commode. Acier, cuivre, dessus en marbre. Commanditée par Peter Marino, New York.

256. Pare-feu. Acier et cuivre. Coll. privée, Paris.

257. Console. Acier, cuivre, émail. Coll. privée, Paris.

258. Paire de lanternes. Acier et perles de verre. Coll. privée, Paris.

259. Armoire. Acier et cuivre gravé. Coll. privée, Paris.

260. Sculpture *Boîte de Pandore*. Acier, cuivre, pierres dures, émail, lapis-lazuli, boule en verre. Coll. privée, Toulouse.

261. Bougeoir d'une paire. Acier, cuivre, cristal. Deux paires. Coll. privées.

262. Miroir *Gouttes*. Acier, cuivre, émail. Coll. privée, Paris.

263

264

266

263. Console d'une paire. Acier, cuivre, émail. Coll. privée, Paris.

264. Pendule. Acier, cuivre, disque de jade, perles de jade, pierre. Coll. Pearl Lam, Hong-Kong.

265. Bureau plat. Acier et cuivre. Coll. privée, Paris.

266. Commode *Tournoi*. Acier, cuivre, émail. Coll. privée, Hambourg.

267. Paire de consoles pieds échelle. Acier rouge et cuivre gravé. Coll. privée, Paris.

268. Lustre *Champignon*. Acier, cuivre découpé, émail. Coll. galerie Mougin, Paris.

269

270

272

269. Commode. Acier, cuivre gravé, émail. Coll. privée, Paris.

270. Veilleuse d'une paire. Acier, cristal de roche, perles de verre. Coll. de l'artiste, Dordogne.

271. Paire de consoles. Acier et bois (noyer, ébène). Coll. Peter Marino, New York.

272. Bureau pieds échelle. Acier et cuivre gravé. Coll. privée, Paris.

273. Sculpture *Boîte à bijoux*. Acier, cuivre, perles de verre, pierres dures, sculpture chinoise ancienne, corail chinois, émail. Coll. Edward Elson, New York.

274

277

274. Miroir. Acier crénelé. Coll. galerie Mougin, Paris.

275. Console d'une paire. Acier, cuivre, émail. Coll. privée, Paris.

276. Guéridon tripode. Acier et cuivre gravé. Coll. privée, Paris

277. Applique. Acier, cuivre, perles. Bougies et ampoules. Coll. de l'artiste, Dordogne.

278. Guéridon. Acier et cuivre. Coll. galerie Mougin, Paris.

279. Fausse paire de lampes. Acier et plaques d'émail. Coll. privée, Paris.

280. Commode. Acier, cuivre, dessus en marbre. Coll. privée, Paris.

275

276

279

280

281

281. Paire de guéridons. Acier forgé, dessus en noyer et ébène. Coll. galerie Mougin, Paris.

282. Applique bougies d'une paire. Acier forgé et pierre de rêve chinoise. Coll. galerie Mougin, Paris.

283. Table. Acier forgé et *patchwork* de cuivre gravé. Coll. galerie Mougin, Paris.

284. Bougeoirs. Cuivre et émail. Coll. galerie Mougin, Paris.

282

284

ndré Dubreuil sur sa Renault 4 en version *Paris*. 1992.

Robert Lavrero, Gladys Mougin et André Dubreuil, 2005.

Crédits photographiques. Picture Credits

Emily Andersen, Roland Baufre, Blanc et Demilly, Agnès Bounot, Jacques Diran, André Dubreuil, The Estate of David Hicks, Max Forsythe, Erik Hesmerg, galerie Yves Gastou, Robert Lavrero, Dan Lepard, Fatimah Namdar, NTPL/Joe Cornish, Cindy Palmano, RMN (Jean-Gilles Berizzi, René-Gabriel Ojéda, Daniel Arnaudet, Hervé Lewandowski, Thierry Ollivier), Vincent Simiant, Studio Raphael, Mario Testino, Edina Van der Wyck.

Achevé d'imprimer en mars 2006 sur les presses
de Musumeci S.p.A., Quart, Val d'Aoste, Italie.